帝王과 佛教

『 7보행(七步行) 』
실달태자는 태어나 바로 일곱 발자국을 걷고 천상천하유아독존(天上天下唯我獨尊)을 외침.
미국 시카고예술원 소장.

佛教精神文化院

머 리 말

불법의 바다는 넓고 크다.
어디서부터 터를 잡아야 하는지
망설이다 잡은 것이
"제왕들의 불사"였다.

천년의 푸른 꿈이
곳곳에 남아 있으니
푸른 숲속의 황금보탑
넓은 벌판에 장엄한 가람,

종소리 그윽하고
북소리 아련하니
육도 중생이
그 속에서 해탈했다.

뜨거운 열대의 우림(雨林)에서부터
인도양의 진주 스리랑카,
라오스·캄보디아·미얀마에 이르기까지
불국의 향기가 모락모락 피어오른다.

불승들의 구도에 밑반찬이 되어준 인도네시아,

지금은 세계의 인텔리가 되어가고 있는 태국·말레이시아,

히말라야 정글 속에 희망을 앉고 사는 부탄,

서쪽의 창고(西藏) 속에 보물을 갈무리하고 있는 티베트,

징기스칸의 말발굽 속에

세계를 호령했던 몽골 불교를

남아있는 유산(遺産) 속

족적을 살폈으니

그 이름이 "제왕과 불교"다.

이삭 줍는 마음으로

가을 설거지 하다 보니

허기진 배에 만족이 있으랴만,

이것도 다행이다 생각하고 상신(上申)했으니

한 번 읽고 웃어 주시기 바란다.

2015년 을미년 2월 15일

편저자 우성 정진화 씀

경 찬 사

우성 스님은 늦게 발심하였어도 여느 사람 못지 않게 머리에 불 끄듯이 정진하여 나란다삼장불교대학교, 스텐톤대학교, 콩코디아대학교, 동국대학교 불교대학원을 수료, 훌륭한 인격을 도야해 왔다.

그런데 급기야 동국대학교 대학원을 졸업하면서 6순 회갑을 맞이하게 되었으니 인생의 역정 가운데 회고담이 없을 수 없다.

여러 가지 전공이 첩첩이 쌓였으나 마지막 불교학 가운데서 동남아시아 불교를 돌아보고 수천년 불교 유적이 제왕의 불심에 의해 존재하고 있는 것을 보고 정리해 보는 것이 어떻겠느냐 자문하여 권장하였더니 이제 좋은 자료로써 "제왕과 불교"가 출간되게 되었다.

빔비사라, 바사익, 아쇼카왕만큼은 큰 원력이 없다 하더라도 그들의 업적을 새롭게 정리하여 보기 좋게 출판하니 누구나 보는 자는 커다란 불심을 일으키리라.

어려운 여건 속에서 공부하기도 바쁜데 그동안 글을 써서 책까지 내게 되었으니 진실로 고맙다. 초지일관 불퇴의 정진심으로 이 시대의 훌륭한 지도자가 되어 주시기 바란다.

2015년 을미년 2월 15일
활안 합장

목 차

제1편 인도 불교의 호불왕(護佛王)들

『 점상(占相) 』
태자의 귀성 후 수도다나(정반)왕이 아시다 성인을 불러서 점치게 함. 런던 스핑크씨 소장.

1. 마가다국 빔비사라왕과 아사세왕

「출성(出城)」
유럽.

마가다국(Magadha, 摩竭陀國)

마가다국은 왕사성을 중심으로
주위가 800마일이나 되는 큰 나라다.
북쪽은 항하(Gangā)
서쪽은 바나라시(Benares)
동쪽은 히란야(Hiranya panrata ; 현 Mongir)
남쪽은 키란야(Kirana ; 현 Sinhum)

부처님께서 이 나라 가야해림(伽耶海林)에서 고행하시고
붓다가야에서 성도하신 뒤
사행외도 3가섭을 제도,
상두산에서 연화경을 설하셨다.

마가다국의 왕 빔비사라왕의 귀의를 받고
죽림정사를 희사 받아
아들 라훌라를 제도하시고
이복동생 난타를 구제하였다.

형식적 의례에 젖어 있던 선생(善生)에게 6방예경을 설해
무지한 백성들을 깨우쳐주시니
대의왕 기바의 안내로 아버지를 죽인 아사세왕을 교화
제1회 결집이 이루어졌다.

세계 최초의 불교대학 나란타사가
이 나라 북쪽에 있어

중국의 현장법사가 유학하므로
중·인 외교가 최초로 싹이 텄으며

금강지·선무외 등 밀교대학장들을 배출하여
티베트·몽골 금강승 불교를 만들어낸 곳이다.

우리나라 혜초스님(신라 때)도 방문하여
왕오천축국전을 남긴 곳이며
특히 부처님께서 말년에
이곳 영축산에서 법화경을 설하여
제법실상의 도리를 설하므로서
세계 인류의 영원한 생명관을 열어보인 곳이다.

불멸 후 200년 경에는 전다라굽다 왕이
서울을 화시성(파탈리푸트라)으로 옮겨
6만 비구가 살 수 있는 계원사를 짓고
여러 개의 보탑을 세웠으며

전 인도를 통일한 아쇼카 임금님은
8만 4천 탑을 세워 세계불교의 기틀을 마련했던 곳이다.

그러므로 이곳은 가는 곳마다
부처님의 발자취를 보게 되고
제자들의 숨소리를 들을 수 있는 곳이다.

아, 영원한 사랑의 마가다여,
왕사성의 달빛은 지금도 둥글게 빛나고 있구나.

왕사성 (Raja-grha, 王舍成)

왕사성은
지금 벵갈만 파트나시 남방 삐할지방에 있는 옛 도시다.

판다바(Pandava, 白善山)
기쟈쿠우타(Gijjhakūtā, 靈鷲山)
뱁바라(Vebhāra, 負重山)
이시기리(Isigili, 仙人掘山)
비뿌라(Vepulla, 廣普山) 등
다섯 산이 둘러서 있는 곳,

한때는 불이 나 한림(寒林)이 되었으나
이웃 웨살리의 침입을 막기 위해 빔비사라왕이
친히 상모산에 큰 성을 쌓았으므로 그 이름이 왕사성이 되었다.

사리불과 목건련의 고향으로
그의 삼촌 디카나카가 발심 출가한 곳이며,
데바닷다가 새 교단을 만들어
부처님을 배반했다가 산채로 화탕지옥에 떨어진 곳이다.

부처님께서 이곳 영축산에서
법화경을 설해, 염화미소의 설화를 남기고
기바 의사는 이곳 망고동산에서
세계 최초로 의료봉사를 펼쳤다.
수보리는 선정 속에서

천계에서 내려오시는 부처님을 맞았고
바쿨라 존자는 최고령 장로로써
자신있게 선종(善終)의 꿈을 보여주신 곳이다.

부처님께서는 성도 후
거의 반생을 이곳에서 보내면서
위제히 부인에게 정토삼부경을 설해
극락왕생의 길을 열어 보이신 곳이다.

그래서 왕사성은 저 코살라국의 사위성과 함께
불교 역사가 가장 많이 배어 있는 곳

지금 이곳 비뿌라산에는
일본의 후지 스님이 세계평화불사리탑을 세워
하루에도 수천만 명이 찾아
묘법연화경을 봉창하고 있다.

(1) 출가왕자를 만난 빔비사라왕

세상의 무상을 느끼고 출가한 싯다르타는 사냥꾼 가티카라와 승복을 갈아입고 일주일 동안 아누피야 망고동산에서 지내다가 라자기르로 향하였다.

정월 대보름을 맞이하여 백성들과 함께 대축제를 마치고 그 마감을 선언코자 창문을 열던 빔비사라왕은 세상의 티끌이란 단 하나도 찾아볼 수 없는 맑고 깨끗한 수행자(修行者)를 보고 따르는 사람들에게 말했다.

"저자가 어디서 무엇을 하는지 살펴보라."

"집집에 들어가 밥을 받은 수행자가 판다바산 동굴 앞에 앉아 밥을 먹고 있습니다."

소식을 들은 빔비사라왕은 수레를 타고 즉시 그곳에 나아가 물었다.

"존경하는 수행자시여, 그대는 어디에 사는 누구십니까?"

"히말라야산 북쪽에 사는 씨(氏)로 말하면 고다마(瞿曇)이고, 종족으로 말하면 샤카족(釋迦族)이며, 이름은 싯다르타입니다."

"당신의 얼굴은 맑고 깨끗하며 보통사람과 다른데 그런 몸을 가지고 이 사나운 세상을 살아갈 수 있겠습니까. 원한다면 잉카나 마가다국 한쪽을 드려 정치하기를 희망합니다."

"나는 세상의 무상(無常)을 느낀 사람, 죽음이 없는 열반(涅槃)의 과(果)를 얻기 원합니다. 만약 생사의 구렁에서 벗어난다면 나도 사랑하는 부모님과 처자 권속을 거느리고 평화스럽게 살고 싶습니다."

"진실로 당신의 의지는 강철보다 강합니다. 반드시 그 바라는 바를 이룰 것이니 만약 성취하신다면 저 먼저 구해주십시오."

"잊지 않겠습니다."

그리하여 싯다르타는 빔비사라왕과 헤어져 먼저 300여명의 제자를 거느리고 있는 배화교도(拜火敎徒) 발가바(跋伽婆)선인을 만나고, 다음에 천당에 태어나기를 희망하는 알라알라 카란마(Alala0kalama)와 웃드라카 라마풋타(uddraka laamaputta)를 만났으나 만족할 수 없어 남쪽 가야(Gaya) 니련선하 우루베라로 가서 6년 동안 고행하였다.

그러나 고행은 고행을 부를 뿐 아무 의미가 없다는 것을 깨닫고 그 무욕(無慾)한 정신으로 탐·진·치(貪·瞋·痴) 3독에 꽉 차 있는 이 세상과 중생들을 구제하고자 하는 자비심을 일으켰다.

"내가 일곱 살 때 춘경제(春耕祭)에 가서 약육강식(弱肉强食)하는 저들 중생들을 구제한다 서원하지 아니했던가!"

싯다르타는 쟁기에 끌려 펄펄 뛰는 벌레들과 날새들이 날아와 그를 쪼아먹는 광경을 보고 불쌍히 여겼던 그때의 정경을 그리워하며 말하였다.

"내 반드시 저들을 구원하리라."

그리고는 강가에 이르러 목욕하고 수자타 형제가 제공한 유미죽을 먹고 건강을 회복한 뒤 니련선하 보리수 밑으로 갔다.

초동(草童) 길상이 제공한 길상초(吉祥草)를 깔고 법계정인(法界定印)에 들어 생사를 초월한 샤카모니 부처님은 자기를 멀리서 시봉하다가 타락했다고 베나레스로 떠나가 버린 친구들을 향하여 가서 그들을 제도하고 야사의 친구 55명과 30명의 귀공자, 1천명의 사명외도(邪命外道)를 제도하신 뒤 코끼리 머리 산(象頭山)에 이르러 연화경(燃火經)을 설하였다.

"마음에 불을 끄라. 탐욕의 불, 성냄의 불, 어리석음의 불을 끄면 세상에 다시 태어난다 하더라도 생사의 두려움이 없으리라. 내 내일은 빔비사라 임금님의 초대를 받아 공양하러 가고자 하니 우루베라 가섭과 나제 가섭, 가야 가섭 3가섭은 제자들을 거느리고 함께 가도록 하라."

깜짝 놀란 3가섭은 제자들에게 말했다.

"일년에 한 번 큰 제사를 지내기 위해서 시주를 받는데도 사람을 놓아 부탁하였는데, 그 임금님께 직접 공양을 한다니 이게 무슨 일인가."

『 빔비사라왕과의 만남 』, 캘커타박물관.

『 수자타가 부처님께 공양 올리는 모습 』

『 보리수 밑의 금강보좌 』

(2) 부처님께 귀의하고 죽림정사를 지어 바치다

이튿날 빔비사라왕은 와셋타족·캄차야족·닷타미타족 등 여러 종족의 대신들과 함께 가이사라산 근처에까지 마중 나와 있다가 천 명의 대중이 산에서 내려오시는 모습을 보고 노래 불렀다.

"조복한 사람이 조복한 사람들을 이끌고
　해탈한 사람이 해탈한 사람들을 이끌고
　황금빛도 찬란한 세존께서 왕사성으로 들어오신다."

그리고 앞으로 나아가 오체투지 하고 부처님 발에 입을 맞추었다.
그리고 말했다.
"부처님 저는 일찍이 다섯 가지 소망이 있었습니다.
　첫째는 평화적으로 왕위를 계승하는 것이고,
　둘째는 내 땅에서 부처님이 탄생하고
　셋째는 그 분께 법문을 듣고
　넷째는 깨달음을 얻는 것이며,
　다섯째는 죽을 때까지 그 분과 그의 제자들을 받들어 모시는 것이었습니다.
　그런데 이 소망을 이 세상에서 모두 성취하게 되었으니 저는 죽어도 한이 없습니다."

빔비사라왕의 권속들은 4천왕이 앞뒤로 서고 아수라·가루라·긴나라 등이 북 치고 장구 치고 피리 불고 울긋불긋 장관을 이루었으며, 연도에는 수천만의 백성들이 국기를 흔들고 손뼉을 치며 맞이하였다.

궁중은 온통 꽃으로 장식되어 있고 천명대중의 자리가 질서있게 놓여 있었다. 제석천왕을 섬기는 바라문이 노래불렀다.

"생사의 바다를 넘어선 사람이
　생사의 바다를 넘어선 사람들을 이끌고
　황금빛도 찬란한 부처님이

왕사성에 들어오신다."

대중들이 자리에 이르자 빔비사라 임금님께서 소개하였다.
"이 분은 국무총리이고, 문교부장관이며, 재무장관, 국방부장관입니다."
각 장관들을 소개할 때마다 그들은 오체투지로 절하였다.
또 스님들께서 제자리에 앉아 차 한 잔 드시자 주방장이 환영인사를 드리고 공양의식
에 대하여 설명하였다.
"저희 궁중에 초대해 오신 것을 진심으로 축하합니다. 음식에는 견과류와 유과류 두
가지가 있습니다. 산과 바다에서 나는 모든 음식이 골고루 갖추어져 있으니 긴 것은
잘라서 잡수시고, 껍데기가 있는 것은 속만 드십시오. 음료수는 더운 물, 찬 물, 과
일쥬스가 있습니다. 원하시는대로 순서대로 잡수시고 끝까지 만족하게 잡수십시오."

스님들께서 순서적으로 일어서서 음식을 받고 제자리에 돌아가 밥티 하나도 남기지
않고 깨끗하게 먹었다.
"한 방울의, 물에도 천지의 은혜가 스며있고, 한 알의 곡식에도 만인의 노고가 담겨
있습니다. 이 음식을 먹고 건강을 유지하여 사해대중을 위하여 봉사하겠습니다."
관중들이 경탄하였다.
"아, 밥은 마땅히 저렇게 먹어야 할 것이다."

그때 빔비사라 임금님이 청하였다.
"부처님과 부처님 제자들께서 거처할 장소가 있어야 할 것 같은데 어떤 장소가 좋겠
습니까?"
"비산비야(非山非野)입니다. 도시에서 그리 멀지 않은 곳에 산이 있고 물이 있으면
좋고, 공부하는데 지장 없으면 더욱 좋습니다."
"저희들이 가지고 있는 대나무 동산이 하나 있는데 드리겠습니다."
그리고 대신들을 시켜 안내하였다. 가서 보니 주위에 대나무숲이 군데군데 그룹을 형
성하고 있었으며, 가운데 큰 못이 있고 4면에 지붕이 덮인 천막들이 줄을 지어 있어 사
람들이 살기에 아무 걱정이 없었다. 이것이 불교계에서 최초로 지어진 죽림정사(竹林精
舍)이다. 그 절 이름은 인도말로 '제타동산'이라 불렀으니 '대나무 동산'이라는 뜻이다.

빔비사라왕이 대중 앞에서 외쳤다.

"부처님, 부처님과 부처님 제자들께 이 절을 바칩니다."

"승단의 거처를 보시한 시주의 공덕은 말로 다 표현할 수 없습니다. 추위와 더위 비
바람, 그리고 여러 가지 벌레들로부터 보호해주신 임금님께 감사드리며 마가다국의
평화와 왕가·귀족·바라문·거사님들의 번영을 빕니다."

빔비사라왕은 그 뒤에도 가뭄이 들었을 때 우물을 파 식수를 제공하였고, 오랜 장마
속에 떠내려가는 스님들을 보호하기 위하여 한 사람 앞에 4방 여섯 자 한 칸씩의 절을
지을 수 있도록 허락해 달라고 부탁하였으며, 초하루 보름으로 포살을 운영하고, 대상
들의 가나(Gana)제도를 본받아 승가제도를 마련해 주실 것을 부처님께 건의하여 승단
의 법과 제도가 만들어졌다.

그리고 보름 동안 왕궁의 공양이 끝난 뒤 왕가 귀족들에게 권하여 골고루 복을 짓도
록 하였으며, 장차 이들 공양이 끝난 뒤에는 일반 서민들에게도 형편에 맞춰 공양을 하
게 하여 비구스님들의 탁발제도가 사회적으로 안정되게 유지될 수 있도록 도왔다.

죽림정사(竹林精舍)

중인도 마가다국 가란타론에 있던 절,
가란타 장자가 대지를 바치고
빔비사라왕이 정사를 만들어
부처님과 그의 제자들의 수행하게 했던 절

주위에는 우거진 대나무숲들이 있고
때까치들의 놀이터가 되었으므로
깔라타카 공원이라고도 불렀다.

바로 그 위에는
천연 온천수가 솟아나 귀신문이라 불렀는데
부처님께서 땅 속에 불 기운이 있어 덥혀져 나온다 해서
지금도 좋은 약수터로 이용되고 있다.

사리불 목건련이 이곳에서 제도되었으며
그의 삼촌 디까나카도 여기서 깨달음을 얻었다.

(3) 꽃장수 수마나

꽃장수 수마나는 임금님께서 부처님과 그의 제자들을 맞이할 때마다 많은 꽃을 사서 부처님께 공양하고 궁중을 장엄하는 것을 보았다.

"역시 귀한 사람이 귀하게 되는구나. 나는 날마다 임금님께서 심부름시키는 돈을 가지고 꽃을 사서 장식하고 그 나머지 가지고 생활을 하여 근근득신 호구지책에 불과하니 내생에는 무슨 복을 받겠는가. 내일은 주신 돈을 가지고 통째로 꽃을 사서 부처님과 스님들에게 모두 공양하리라."

그리고는 임금님께서 주신 돈을 가지고 가서 통째로 꽃을 샀다.

산고개를 넘을 때는 혼자 수레를 끌 수 없기 때문에 언제나 그의 아내가 아들들과 함께 나와 밀어주었는데 그 날은 유독 꽃이 많아 네 사람이 밀어도 수레가 잘 움직이지 아니하였다.

"웬 꽃을 이렇게 많이 샀습니까?"

"나도 부처님께 꽃 공양을 하고 싶소."

"그러면 오늘 우리가 쓸 돈은 하나도 없겠네요."

"이렇게 살아보아야 별 결과가 없을 것 같아 꽃을 사온 것이니 좋은 일이나 한번 하고 함께 죽어 우리 새롭게 태어납시다."

여인은 놀라며 아이들을 데리고 도망쳤다.

"아버지가 죄를 지으면 우리들까지 모두 죽게 된다. 외갓집으로 가자."

큰아들이 말했다.

"외갓집으로 가도 죄인은 연좌제를 적용하여 외갓집까지 죄를 받게 되니 임금님께 용서를 빌러 갑시다."

하여 아이들을 데리고 임금님께 찾아갔다.

임금님은 꽃이 오기를 기다리다가 수마나의 가족들이 오는 것을 보고 물었다.

"꽃은 어찌되었느냐."

"임금님 이름으로 이미 부처님과 모든 스님들께 공양되었습니다. 남편이 임금님의 승낙을 받지 않은 일이라 죄를 받을까 겁이 나서 용서를 구하러 왔으니 저희들을 살려주십시오. 저는 아이들을 데리고 친정으로 가고자 합니다."

"그래. 그대들 마음대로 하라."

임금님은 부처님 오시는 거리로 나갔다. 부처님은 수마나에게 받은 꽃을 들고 대중스님들과 함께 시가행진을 하고 있었다. 시민들도 함께 어울려 수천명이 뒤를 따르고 있었기 때문에 인산인해를 이루었다.

"부처님 참으로 장엄하십니다. 이 왕사성이 생긴 이래로 이렇게 아름다운 시가행진은 처음인 것 같습니다."

"이 모두가 수마나가 임금님 이름으로 바친 꽃의 공덕입니다."

임금님은 따로 수마나를 불러 꾸짖었다.

"너 이놈 너는 어찌하여 나의 명령도 없이 꽃을 부처님께 공양하였느냐?"

"임금님 하시는 것을 보고 저도 한 번 흉내내고 싶었습니다."

"너 이놈. 임금님의 명령을 거스르면 어떻게 되는 줄 알지!"

"예. 잘 알고 있습니다. 한 번 좋은 일을 하고 다시 태어나서는 환경부장관이 되고 싶습니다."

"아, 참으로 장한 일이다. 내가 올릴 꽃을 네가 대신 올려 주었으니 얼마나 좋은 일인가. 그대에게 오늘부터 환경부장관에 임명하여 세세생생 부처님께 내 대신 꽃을 올리도록 허락하노라."

화원 10만 평과 코끼리·말 각 여덟 필씩을 상으로 주고는 말했다.

"그대의 마누라는 자식들을 데리고 친정으로 갔으니 그대를 시봉할 여인 여덟 명과 함께 하사하노라."

감격한 수마나는 그 길로 장인 집에 들려 도망간 여인과 자식들을 큰 코끼리에 태우고 와 죽을 때까지 환경부장관으로써 부처님과 임금님께 꽃 올리는 일을 담당하였다.

『 사마 본생도 』

부처님 전생이야기. 장님 부부를 모시고 있던 사마가 사냥 나온 임금님의 화살에 맞아 죽자, 하늘의 제석천 왕이 그를 살려내 천하 제일 가는 효자로 발탁되어 어머니 아버지를 백세 넘도록 부양하였다.

(4) 데바닷다의 비불교(非佛敎)

이렇게 일미(一味)의 불교가 우유와 물이 화합하듯 잘 지내고 있는데, 부처님의 4촌 동생(혹은 처남이라고도 함) 데바닷다가 이견(異見)을 제공하였다.

"부처님. 부처님은 오랜 세월 대중을 위하여 헌신하였으니 이제 그 자리를 저에게 물려주시고 편안히 쉬도록 하옵소서."

"좋은 말이다. 그러나 불법은 누가 누구만을 위해서 하는 것이 아니다. 법을 청한 대중이 있게 되면 그의 무지와 이견을 해소시켜 주기 위해서 문답을 하게 되는 것이니, 이것이 법문이다. 그러니 그대도 사리풋따와 같이 신도들이 와서 그대에게 묻게 되면 답변하는 사람이 될 것이니 그렇게 공부하라."

데바닷다는 당장 화를 내면서 말하였다.

"부처님은 욕심쟁이다. 스스로 깨달은 진리를 자기 혼자만 지켜 나가려 하고 후배를 양성하지 않는다. 처음 공부하러 온 사람이 임금님이나 장자 거사들의 초대를 받고 일반 사가(私家)에 들어가 고급음식을 먹고 호의호식한다면 공부가 되겠는가. 음식을 가려먹고 누더기 옷을 입고 고행을 즐겨 하고자 하는 사람은 나를 따르라."

그리고는 그의 권속들을 거느리고 코끼리 산으로 가 새로운 교단을 형성하였다.

① 죽을 때까지 숲속에서 살고,
② 죽을 때까지 탁발하여 먹고 남의 초대를 받지 않는다.
③ 죽을 때까지 누더기를 입고 시주의 베푸는 옷을 입지 않는다.
④ 죽을 때까지 나무 밑에서 살고 남의 지붕 밑으로 들어가지 않는다.
⑤ 죽을 때까지 고기를 먹지 않는다.

원래 이 계율은 출가바라문들이 즐겨 실천하는 계율이었으므로 인도 출가자들은 누가 시키지 않아도 대부분 이 계율을 잘 지키고 있었다. 그러나 초발심행자들이 볼 때는 이거야말로 출가수행자들이 지켜야 할 기본적인 계율이 아닌가 생각하여 1200 대중 가운데 700여 명이 그 곳으로 따라가 버렸다.

싸리풋따와 목갈라나가 말했다.

"부처님. 저희들이 그곳에 가서 그들을 데리고 오겠습니다."

"가만 놓아두어라. 처음 수행하는 사람들은 무엇인가 출가수행자가 일반 수행자와 다른 것이 있어야 공부하는 기분이 날 것 아니냐. 때가 되면 저절로 올 것이다.

보라. 우리 출가자들은 죽을 때까지 숲속에서 살고, 탁발하여 먹으며, 누더기를 입고 나무 밑에서 살고 있지 않느냐. 단지 하루에 한 때씩 밥을 얻어먹고 사는 사람이 신도들에게 나에겐 이런이런 음식만 베풀어 주십시오 할 수 있겠느냐. 어떤 사람은 부모님 생신과 제사, 집안잔치를 맞이하여 특별한 음식으로 고행하는 수행자들을 공양하고자 하는 사람들도 있는데 채식만을 고집하고 1일·3일, 단식·생식·절식을 훼방하는 사람은 당연히 우리들도 실천하고 있는 것이고, 산짐승을 함부로 잡아먹지 않고 죽이는 소리 죽는 소리를 듣지 않은 음식을 얻어 먹고 사는 것은 5정육(淨肉)으로써 이미 규정된 사실인데 무엇을 새삼스럽게 규제할 수 있겠느냐.

불법은 깨달음이지 먹고 안먹는데 달려 있는 것이 아니다. 불법은 자비(慈悲)이지 자기의 행을 누구에게 보여주기 위해 행하는 것이 아니다."

그런데도 사리뿟따와 목갈라나는 그곳에 가서 다시 7백여 명의 예바불교도들을 데리고 왔다. 아니 데리고 온 것이 아니라 그 밑에서 6,7개월 동안 고행한 사람들이 부처님과 같은 법문, 부처님과 같은 행을 배울 수 없었으므로 망설이고 있다가 기회를 봐 스스로 들어온 것이다.

그런데 데바닷다는 여기에 원한을 품고 부처님과 그의 제자들을 죽일 계획을 세우고 온갖 구상을 다 하였다.

"부처님은 이 나라 왕 빔비사라가 특별히 보호하고 있기 때문에 함부로 건드릴 수 없다. 그렇다면 그의 적수를 만드는 수밖에 없다. 빔비사라의 적수는 그의 아들 아자 아타삿투(아사세)태자다."

그는 어린 태자가 무술 연습을 하는 장소에 나아가 코끼리를 타고 활 쏘는 재주를 부렸다. 이 재주를 본 태자가 말했다.

"거룩하신 성자이시여, 저에게 그 기술을 가르쳐 주시면 장차 내가 왕위에 오르면 성자를 왕사로 모시겠습니다."

데바닷다는 쾌재를 부르며 날마다 그곳에 가 승복을 입고 태자에게 무술을 가르쳤다.

사제의 의(義)가 어느 정도 무르익었을 때 말했다.

"왕위란 아무렇게나 오는 것이 아닙니다. 빔비사라왕은 건강하고 그의 후원자 샤카무니도 이상이 없습니다. 이렇게 가다가는 앞으로 10년이 지나도 왕위에 오른다는 것은 꿈 속의 이야기가 될 것입니다."

"그러면 어떻게 하면 되겠습니까?"

"먼저 아버지 빔비사라왕을 체포하여 감옥에 가두고 다음에 샤카무니를 처리하면 됩니다."

"아무리 왕위가 좋다 하더라도 아버지를 죽이고 죄 없는 성자에게 상처를 줄 수 있겠습니까?"

아자아타사투 태자는 가슴이 떨리고 양심에 가책을 받아 주저하였다.

"그것은 걱정하지 마십시오. 붓다는 제가 알아서 처리할 테니 우리들의 계획만 허락해주시면 됩니다. 태자께서는 이 나라 왕이 되시고 저는 3계도사 4생의 자부(慈父)가 될 것입니다."

그 뒤 데바닷다는 욕심 때문에 잡혀 감옥에 들어가게 되었다.

이때 부처님은 시자 아난을 시켜 문안을 하게 하였다.

"어떻게 지내더냐?"

"3선천보다도 더 즐겁다 하였습니다."

"그럴 것이다. 그 자가 세상에 있으면 밤잠을 자지 못하고 고민할 것인데 이제 꼼짝없이 죽게 되었으니 무슨 근심이 있겠느냐! 그는 나를 괴롭힌 죄로 내생에는 천왕여래가 될 것이다."

"무슨 말씀입니까? 부처님을 죽이려 한 사람이 천왕여래가 되다니요?"

"부처의 마음을 시험한 거룩한 스승이니라. 내가 만일 그 일로 인하여 화를 냈다면 나는 아직 부처의 자격이 없느니라."

하고 즉시 아자아타사투 왕께 부탁해서 석방하게 하였다.

데바닷다는 즉시 석방되어 본국으로 돌아갔으나 손톱 밑에 숨겨진 독약이 폭발하여 스스로 죽고 말았다.

이 세상의 모든 죽음은 남이 시켜서 죽는 것이 아니다. 스스로 짓고 스스로 받는 것이다. 실로 이것은 빔비사라의 구도심과 아자아타사투의 구왕심(求王心), 그리고 데바닷다의 명예심 때문에 생긴 일이다.

사실 모든 것이 하나의 꿈이라지만 그 꿈 속에서 만들어진 죽림정사(竹林精舍)와 영축산(靈鷲山)은 지금도 모든 인류의 영원한 빛으로써 어두운 세계를 밝혀주고 있다.

『 제바달다의 회개와 열반 』
일본 개인소장.

(5) 빈두설경(賓頭說經) 이야기

이 사건이 생기기 전 빔비사라왕은 포살일을 맞이하여 평상시와 같이 시위(侍衛)들에게 왕복을 맡기고 영축산에 올라갔다.

부처님께 오체투지하고 세 바퀴를 돈 뒤에 자리에 앉으니 부처님께서 물었다.

"대왕님. 대왕님께서는 이 세상에 살면서 무슨 후회하는 일이 있습니까?"

"없습니다. 저는 부처님과의 인연속에서 이 세상의 욕락을 벗어나 대해탈의 경지에 이르렀습니다. 다시 태어나더라도 왕이 되어 적을 죽이고 싶지 않습니다. 저는 오늘 부처님을 뵙고 내려가면 내 왕위를 아자아타사투 태자에게 물려주고 흔적없이 수행자처럼 살다 가고자 합니다."

"장하십니다. 애욕 속에 있으면서 애욕을 벗어나고, 명예속에 있으면서 명예를 벗어난다는 것은 쉬운 일이 아닙니다."

그리고는 옛날이야기 한 토막을 들려주었다.

"옛날옛적 어떤 사람이 끝없는 사막을 걸어가다가 미친 코끼리를 만났습니다. 정신없이 도망치다가 옛 우물터로 뻗어 내려간 등나무 넝쿨을 잡고 들어갔습니다. 행인은 간신히 그 넝쿨을 타고 우물 속으로 들어가다 보니 우물 속에는 허리가 반쯤 모래 속에 덮여 있는 구렁이가 꿈틀거리고 있고, 우물의 네 귀퉁이에서는 네 마리의 독사가 혀를 날름거리고 있었습니다. 더 이상 내려갈 수가 없어 고개를 쳐들고 올려다보니 벌써 술취한 코끼리가 내려다보고 있었습니다.

오도 가도 못한 행인은 멀리 하늘을 바라보다가 등나무 넝쿨 위에서 집을 짓고 있는 벌들을 보았습니다. 그런데 그때 앉았다 날았다 하던 벌이 꿀 한 방울을 입가에 떨어뜨렸습니다. 그렇지 않아도 목이 말라 죽을 지경이었는데 꿀맛을 보고 나니 딴 생각이 없어졌습니다. 위에 코끼리가 있는 것도, 밑에 구렁이 독사가 있는 것도 다 잊어버리고 나무를 흔들었습니다. 한 방울이라도 꿀을 더 받아먹으려고 말입니다. 그런데 그때 벌들이 몰려와 쏘았습니다. 그래서 죽은 듯이 웅크리고 있다가 눈을 떠보니 그동안 등나무 넝쿨에서 불이나 태울만한 모든 것을 다 태워 버렸습니다."

"아, 부처님. 참으로 희한한 일입니다. 그것은 어젯밤 제가 꾼 꿈과 꼭 같습니다. 술취한 미친 코끼리는 무상한 세월이고, 끝없는 길을 걸어가는 행인은 나와 같이 정처 없이 걸어가는 인생입니다. 오아시스는 도피처, 종교세계이고 등나무넝쿨은 명줄, 그 가운데서도 혀를 날름거리고 있는 독사와 구렁이는 지·수·화·풍 4대로 형성된 이 몸과 마음입니다. 천야만야(千也萬也)한 낭떠러지에서 생사의 망망한 대해를 바라본다면 마치 한 사람의 인생은 한 포구(泡漚)와 같습니다. 그런데도 사람들은 삿된 벌의 생각에 빠져 집을 짓고 있으며, 한 방울의 꿀방울이라도 더 받아먹으려고 나무를 흔들었다가 벌들의 공격을 받습니다. 명예·돈·사랑·수명은 5욕이고, 불은 생·노·병·사의 불이고, 옛 우물은 전생에도 빠져 죽었던 죽음의 우물입니다. 저는 지금 이곳을 내려가면 즉시 왕위를 자식에게 물려주고 생사의 우물에서 벗어나기를 희망합니다."

"대왕님. 아니, 나의 가장 아름다운 도반이여, 영원히 안녕히 가십시오."

그런데 옷을 벗어 놓고 올라간 그 자리에 내려와 보니 왕장을 받아지키고 있던 병사들은 다 죽어 있고 데바닷다의 무리들이 몰려와 임금님을 체포하여 감옥으로 끌고 갔다.

시무외인(施無畏印) 석가여래 입상.
소라 모양의 육계가 특징. 사람들을 안심시켜 주는 시무외인(施無畏印). 사암. 2세기 전반. 마투라박물관.

(6) 인과의 구슬을 깨달은 왕

데바닷다의 계획은 착착 진행되고 있었다. 데바닷다는 어린 왕자에게 아버지의 왕장을 붙여주고 즉시 궁중에 나아가 아자아타사투에게 왕위에 오르게 하였다. 그리고 위데히 부인이 있는 곳으로 가니 우사대신이 말했다.

"내 이럴 줄 알았다. 사람을 죽인 사람은 마땅히 그 과보를 받는다 하지 않았는가!"

"그게 무슨 말이냐?"

"사실은 빔비사라왕이 교살라 부인과 위데히 부인을 데리고 살았지만 늦게까지 아이를 낳지 못하자 점 잘 치는 여인에게 물으니, 3년만 있으면 아이를 낳을테니 좋은 일 하시고 기다리라고 하였습니다. 그때 빔비사라왕이 물었습니다.

'어떻게 3년 있다가 태자를 낳는다는 말이냐?'

'적어도 한 나라의 임금님이 될 사람은 보통 사람으로서는 될 수 없습니다. 지금 설산에 100살 먹은 수행자가 있는데 103살이 되면 죽어 왕자로 태어날 것이니 걱정하지 마십시오.'

'그렇다면 3년까지 기다릴 필요가 있느냐. 오늘이라도 가서 죽여 가지고 당장에 태어나도록 해야지…'

그리고는 저와 저희 형님을 보내 죽이게 하였습니다. 그런데 형님이 가면서 말했습니다. '선인을 죽인 사람은 오래 살지 못한다 하였다. 그러니 내 너보다 먼저 세상에 태어나 밥 한 그릇이라도 더 먹었으니 내가 죽이고 죽을테니 너는 그 죽은 것만 확인하고 가서 일러주거라.'

형님은 그 자를 올가미를 쳐서 죽이고 형님도 그 자리에서 죽었습니다. 사람을 죽인 사람은 반드시 죽음을 당한다 하였는데 그 말이 꼭 맞지 않습니까. 그런데 그 뒤 위데히 부인은 아이를 갖게 되었고, 아이를 가지면서부터 성질이 포악하여 남편을 물어뜯고 욕을 하자 그 이유를 물으니 '원수가 배 속에 들어서 그런다' 하여 그 아이의 이름을 '아자아타사투(태어나기 전부터 원수)'라 지어 주었기 때문에 위데히 부인은 아이를 낳으면서 그 아이를 죽여버리기 위해 평상 밑에 작두를 놓고 아이를 낳아 가만히 발로 밀어 버렸습니다. 그러나 아이가 왼쪽 손가락만 하나 잘리고 죽지 않아 기른 것이 지금의 아자아타사투 태자인 것입니다."

"아, 그래서 태자의 왼쪽 손가락이 없어진 것이로구나."

쾌재를 부르고 왕궁으로 들어갔다.

"대왕님. 잘 주무셨습니까?"

"잘 자기는. 어젯밤도 한 잠도 자지 못했다."

"빔비사라왕은 어떻게 되었습니까?"

"음식을 주지 않은 지 벌써 18일이 되어도 얼굴빛 하나 변치 않고 있다고 한다. 그것은 위데히 부인이 목욕하고 몸에 꿀을 바르고 가 공양하고 머리속에 꿀떡을 넣어가지고 가 대접하기 때문이라 들었다."

"그렇다면 위데히 부인을 감금하십시오."

그리하여 위데히 부인의 두 발에 족쇄를 채워 출입하지 못하게 하였다.

그런데 하루는 아자아타사투 태자가 점심 공양을 하러 방으로 들어가니 어린 아들이 강아지를 안고 밥을 먹이고 있었다.

"애야, 사람 밥을 강아지에게 먹이면 안 된다."

하고 강아지를 떼어 놓으려 하자 아이가 심하게 울었다. 방 안에서 듣고 있던 위데히 부인이 말했다.

"당신의 아버지는 당신의 손가락에 고름이 맺히면 그것을 빨아 잠이 들게 한 뒤에 그 입으로 밥을 잡수셨는데 아이가 강아지와 밥을 먹는다고 애를 때려 울리면 되겠습니까?"

그때 어린 왕이 화를 내며 말했다.

"그래서 당신은 내 몸을 작두 위에 던져 손가락이 잘리게 하였습니까?"

"그거야 이런 일이 생기는 것을 미리 예방하기 위해서였지요. 아이가 미워서 한 것은 아닙니다. 당신의 아버지는 하루 빨리 아이를 낳아 왕위를 자식에게 물려주고 부처님처럼 도 닦기를 희망했습니다."

"진짜입니까?"

"왜 내가 거짓말을 합니까?"

갑자기 아자아타사투 태자는 큰소리로 외쳤습니다.

"우리 아버지 빔비사라왕을 살려라."

이 말을 들은 군인들이 우르르 몰려 감옥 속으로 가는 바람에 아버지 빔비사라왕은 놀라 까무러쳐서 그대로 죽고 말았다.

위데히 부인은 이로부터 세상을 싫어하는 염세증에 걸렸다가 무량수경과 관무량수경 법문을 듣고 서쪽 하늘을 바라보니 대왕 빔비사라가 극락세계에 앉아 자기를 기다리고 있었다. 자신은 이렇게 해서 염세증을 고쳤으나 아들 아자아타사투왕은 잠만 자려 하면 아버지 빔비사라왕이 나타나 '부처님께 참회하라' 하므로 불면증에 걸려 전혀 잠을 자지 못하고 있다가 이때 의사 기바가 부처님을 찾아 뵙게 하여 병이 나아 제1회 불전을 결집하는 역사적인 인물이 되었다.

빔비사라 왕의 감옥이 있었던 터

(7) 위데히 부인과 극락세계 이야기

『 관경변상도(觀經變相圖) 』
극락세계의 주택과 사람들, 일본지은원(知恩院극) 소장.

1) 법장비구의 서원

위데히 부인은 빔비사라의 초상을 치른 이후 도대체 말을 잃어버린 실어증(失語症)에 걸렸다. 열흘씩 스무날씩 음식을 먹지 않아도 얼굴색 하나 변치 않았다.

"부처님 저는 이 세상을 살고 싶지 않습니다. 이 세상을 살고 싶지 않을 뿐 아니라 다음 생에도 이 세상에 태어나고 싶지 않습니다. 자식이 부모를 죽이고 부모가 자식을 죽이는 이 불륜한 세상밖에 항상 즐겁게 사는 세계가 없습니까?"

"있습니다. 조용히 마음을 가라앉히고 스스로 그 마음을 관찰해 보십시오."

그리고 다음과 같은 이야기를 들려주었다.

"옛날에 법장비구라는 수행자가 있었습니다. 태어날 때마다 나라의 임금님으로 선정을 베풀어 백성을 사랑하더니 세자재왕 부처님 법문을 듣고 발심 출가하여 마흔여덟 가지 원을 세우고 극락세계를 만들어 시방중생들을 접인하고 있습니다.

마흔여덟 가지 원이란,
나쁜 곳의 이름 없고 나쁜 길에 타락 없고
모두 같이 금색으로 한결같은 모습을 가지고
숙명통을 성취하고 천안통을 성취하며
천이통·타심통을 얻고
신족통을 뛰어 넘어 아상마저 없게 되어
결정코 정각 얻어 온 세계를 바치겠다 서원하고

또 한량없는 명을 얻고 무수한 성문과
중생들이 장수하고 착한 이름 얻기를 발원하였으며,
부처님들을 칭찬하고 십념으로 왕생하되
임종시엔 성현 뵙고 공덕 회향하기를 발했습니다.

또 묘한 상호를 구족하고 모두 함께 보처가 되어
아침마다 불공하고 소원성취 하기를 바랐으며,
근본지혜 깨달아서 나라연력(那羅延力) 이루고서

한량없는 장엄들과 보배나무(가로수)로
세상 돌아가는 이치를 모두 알게 하되
뛰어난 말재주와 훌륭한 변재로서 청정국토를
두루 비춰 거룩한 음성 이루기를 서원하였습니다.

그리고 지혜로서 안락 얻고 총지를 성취하여
남·여 상이 없는 세계에서 부처님 이름 듣고
위없는 깨달음 얻기를 발했으며
천인들이 경례하고 생각 따라 옷을 입고
마음들이 깨끗하여 나무마다 부처가 나타나기를 발했습니다.

또 육근문을 구족하고 현생에서 등지 얻고
듣는 이는 호귀하고 착한 근을 구족하기 원했고,
견고한 불공심으로 듣고픈 일 마음대로
깨닫는 맘 한결같아 인지를 얻기 발했습니다.

그리하여 그 인연으로 열 가지로 장엄한 극락세계를 형성하였습니다."

① 법장스님 세운 서원을 닦고 익혀 장엄하고
② 48원 원력으로 아름답게 장엄하며
③ 아미타불 이름으로 복과 지혜로 장엄하고
④ 미타·관음·세지 삼대사의 모습으로 보배처럼 장엄하며
⑤ 아미타불 안락국토 평화스럽게 장엄하고
⑥ 청정하온 보배 연못 팔공덕수로 장엄하며
⑦ 뜻을 따라 보배 누각 거룩하게 장엄하고
⑧ 길고 먼 시간으로 밤과 낮을 장엄하며
⑨ 오만 가지 선근으로 24락을 장엄하고
⑩ 30가지 공덕으로 빠짐없이 장엄하였습니다.

또 극락세계에는 여덟 가지 공덕수가 있습니다.

① 맑고 깨끗하고

② 시원하며

③ 맛이 달고

④ 입에 들어가면 물이 부드러워지며

⑤ 빛나고

⑥ 편안하며

⑦ 화평하고

⑧ 기갈이 없어져 근심 걱정이 없어지는 것입니다.

사바세계 중생들은 물만 보면 거기에 온갖 시설을 설치하여 끝내는 물을 오염시켜 놓고, 거기다가 내 자리, 네 자리를 가려 장사하기에 바쁜데 극락세계는 그렇지 않습니다.

첫째는 물이 좋고

둘째는 편리한 주택이 서며

셋째는 길이 정비되고

넷째는 즐겁게

다섯째는 갖가지 공덕으로 세계를 꾸몄습니다.

또한 스물네 가지 즐거운 것이 있습니다.

① 난간이 그대로 울타리가 되고

② 보배 그물이 허공을 덮으며

③ 가로수가 통로를 이루고

④ 7보 못에서 목욕하며

⑤ 8공덕수가 맑고 깨끗하고

⑥ 금모래를 내려다보며

⑦ 계단에서 광명이 나고

⑧ 누대가 허공에 드러나며

⑨ 사방에 향기로운 꽃이 늘어서 있고

⑩ 땅이 황금으로 되었으며

⑪ 8음(도·레·미·파·솔·라·시·도)이 항상 연주되고

⑫ 밤낮으로 아름다운 꽃이 피었으며

⑬ 맑은 새벽 산책하고

⑭ 묘한 꽃들이 장엄되어 있으며

⑮ 다른 세계에 가서 부처님께 공양하고

⑯ 본 자리로 돌아오는 낙이 있으며

⑰ 뭇 새들이 아름답게 우짖는 낙이 있고

⑱ 6시로 법을 들으며

⑲ 항상 3보를 생각하고

⑳ 3악도가 없으며

㉑ 부처님이 화생하고

㉒ 나무와 그물이 흔들리며

㉓ 부처님 법문을 즐겨 듣고

㉔ 성문이 발심하는 낙이 있다는 것입니다.

그러니까 극락세계는 무서운 사상이나 독재자에 의한 감금된 세계가 아니라 의·식·주 전반에 걸쳐 대자유를 향유하고 노래와 춤, 시와 문학, 예술 등이 있는 이상적 과학도시인 것입니다. 가고 싶으면 가고, 오고 싶으면 오되 비자가 따로 없고 대자연과 함께 하나가 되어 사는 평화의 도시입니다.

2) 한량없는 공덕이 있는 극락세계

옛 사람들은 이러한 세계를 인간 세상 사람들이 맛볼 수 없는 유토피아라 불렀는데, 부처님은 그 세계가 하늘에서 뚝 떨어지고 땅에서 푹 솟은 것이 아니라 사람들의 원력과 서원 속에서 이루어진 이상도시라 하였습니다. 극락세계에서 살 것인지, 타는 불꽃 속에서 살 것인지는 각자 마음에 달려있고, 국민들의 의식에 달려있다 생각합니다. 그렇다고 그것이 어느 한 사람의 이익만을 위해 존재하는 것이 아니라 모든 구성원들의 이익을 위해 존재하기 때문에 여기에는 30가지 이익이 있습니다.
서른 가지 이익이란,

① 여러 가지 공덕으로 장엄된 청정불토를 마음대로 수용하고

② 대승법을 즐기며

③ 무량수 부처님을 친히 뵙고 공양하고

④ 시방세계를 다니면서 모든 부처님께 공양하며

⑤ 부처님의 법문을 듣고 수기를 받고

⑥ 복과 지혜, 자량이 속히 원만 성취되는 이익이 있으며

⑦ 속히 무상정등보리(無上正等菩提)를 이루는 이익이 있고

⑧ 모든 보살들이 한 곳에 모여 법회를 보는 이익이 있습니다.

⑨ 항상 물러남이 없는 이익이 있고

⑩ 여러 가지 행원이 생각마다 증진하는 이익이 있으며

⑪ 앵무사리가 법음을 노래하는 이익이 있고

⑫ 맑은 바람에 나무가 흔들리면 하늘 음악 소리가 들리는 이익이 있으며

⑬ 보배의 물이 흐르면서 고·공·무상을 선설하고

⑭ 모든 음악 소리가 법음을 연창하며

⑮ 48의 큰 행원 가운데 3도의 고통이 영원히 끊어지고

⑯ 진금색신의 이익이 있으며

⑰ 모양이 예쁘고 미운 것이 없는 이익이 있고

⑱ 6통을 구족한 이익이 있으며

⑲ 정정취(正定聚)에 안주하는 이익이 있고

⑳ 불선(不善)이 없는 이익이 있으며

㉑ 수명이 장원한 이익이 있고

㉒ 여러 가지 오락을 즐기는 이익이 있으며

㉓ 여러 가지 즐거움을 받는 이익이 있고

㉔ 32상을 구족한 이익이 있으며

㉕ 여인이 없는 이익이 있고

㉖ 소승이 없는 이익이 있으며

㉗ 8난을 여읜 이익이 있고

㉘ 3법인(法忍)을 얻는 이익이 있으며

㉙ 몸에서 주야로 광명이 나는 이익이 있고

㉚ 나라연(那羅延)과 같은 힘을 얻는 이익이 있다는 것입니다.

이것이 30가지 공덕장엄(功德莊嚴)이다.

사실 이 세상의 온갖 갈등과 불행은 남녀 사이에서 벌어지는 것이 많은데, 남녀가 없는 가운데서도 남녀가 있는 이상으로 즐겁게 살 수만 있다면 남녀 없는 것이 더 나을 수도 있습니다. 위데히 부인은 남녀인생 차별 많은 세상에서 갖가지 모습을 보아 왔기 때문에 공감하는 점이 많았다.

부처님께서 이렇게 설명하실 때 시방의 부처님들이 4유 상하에 나타나 찬탄하였습니다.
"석가모니 부처님은 참으로 희유한 일을 하신다."
동방 아촉불, 남방 일월불, 서방 무량수불, 북방 염견불, 하방 사라불, 상방 범음불 등 10불 세계 극미진수 부처님들께서 나타나 찬탄하실 때 서쪽 하늘에 아홉 개의 연대가 상·중·하로 나타났다.
빔비사라왕께서 상품상생에 올라 앉아 아미타 부처님께 수기 받는 광경이 나타나니 위데히와 아자아타사투왕이 모두 환희에 차 다시는 다른 생각을 하지 않고 불심에 충실하였다. 위데히 부인은 이것을 보고 발심하여 말했다.
"저도 저 세계에 가서 태어나고 싶습니다. 태어나는 방법을 일러 주십시오."
그래서 부처님께서 염불 왕생하는 방법과 법문을 듣고 왕생하는 방법, 여러 가지 왕생하는 방법을 일러주었다.

『 카니슈카 대탑지 출토 사리기 』
동. 2세기. 높이 20cm. 페샤와르박물관.
한 부처님을 두 보살이 호위하고 있다. 밑에는 카니슈카왕이 호법신장이 되어 있다.

3) 염불왕생의 방법

염불로 왕생하는 방법이란 염불로써 부처님의 나라에 태어나는 방법이니, 여기에는 ① 염불(念佛) ② 염법(念法) ③ 염승(念僧) ④ 염계(念戒) ⑤ 염시(念施) ⑥ 염천(念天) 이렇게 여섯 가지가 있다.

① 염불은 부처님의 상호를 생각하고 관찰하는 것이고

② 염법은 부처님께서 가르쳐 주신 법을 생각하고 관찰하는 것이며,

③ 염송은 불제자들인 스님들을 생각하고 관찰하는 것이고

④ 염계는 부처님께서 행하신 계를 생각하고 관찰하는 것이며

⑤ 염시는 온갖 것을 4보께 베풀어 후한이 없게 보시하는 것이고

⑥ 염천은 3계에 28천을 생각하여 관찰하는 것이다.

그런데 이 가운데서

① 부처님의 상을 관하는 자기의 마음이 곧 부처인 것을 관하는 실상염불과

② 그림이나 불상 등을 관하는 관상(觀像)염불,

③ 생각 속에 나타난 부처님을 상상으로 생각하는 관상(觀像)염불,

④ 부처님 이름을 입으로 부르며 귀로 듣는 칭명(稱名)염불,

네 가지 방법으로 조용히 가서 인연 닿는대로 관찰해 보라고 가르쳐 주셨다.

그리고 또 믿는 자의 마음에 세 가지가 있으니

① 바른 마음으로 믿고

② 깊은 마음으로 믿으며

③ 사랑하는 마음으로 믿어야 한다고 하였으니

이렇게 믿음을 갖는 사람이 극락세계에 가서 꼭 태어나고자 한다면

① 생사고해를 싫어하고

② 극락정토의 법열을 사모하여

③ 악을 그치고 선을 행해야 한다 하고

④ 나와 남이 똑같이 극락세계에 태어나기를 발원하여야 한다고 하였다.

이 세상에서 한 가지, 두 가지 일을 성취하고자 하여도 밤낮없이 연구하고 노력하여야 하는데 하물며 이 세상을 버리고 저 세상에 태어나는 일이야 더 말할 것 있겠는가. 그 때문에 하루 이틀 사흘 나흘, 그 명호를 집중적으로 외워 가져서 흐트러짐이 없게 하는 것이다. 이렇게 염불하고 정진하면 극락세계에 가기 이전부터

① 그 몸이 깨끗해지고
② 그 모습이 단정해지며
③ 그 땅이 넓어지고
④ 그 자리가 청정해지며
⑤ 그 마음이 선근공덕으로 꽉 차고
⑥ 보이는 사람이 모두 불보살로 보이며
⑦ 자기 집 주인이 아미타불로 보이고
⑧ 아들 딸들이 관세음보살, 대세지보살로 보이며
⑨ 그래서 권속들이 모두 깨끗하게 되고
⑩ 몸과 입과 뜻으로 하는 일이 맑아지며
⑪ 진여 자성을 보게 되고
⑫ 모두에게 이익을 주며
⑬ 번뇌 망상에 끄달리지 않고
⑭ 그래서 주처가 편안하게 된다는 것입니다.
⑮ 그리고 왔다갔다 하는 길이 평탄해지고
⑯ 드나드는 문이 공·무상·무원이 되어
⑰ 보고 듣는 것이 모두 지혜롭게 되어
⑱ 의지하는 것 자체가 두렵고 근심 있는 것이 하나도 없게 된다는 것이다.

이것을 전문적인 말로는 18원정설(圓淨說)이라 하는데 위데히 부인은 부처님의 법문을 듣고 즉시 그 마음이 극락세계에 가 있는 것 같이 느껴져 행복한 노래를 불렀다.

일념망심명요요(一念妄心明了了)
미타부재별가향(彌陀不在別家鄉)
통신자화연화출(通身自化蓮花出)

처처무비극락당(處處無非極樂堂)

한 생각 허망한 마음 놓아버리니
아미타불이 따로 계시지 않습니다.
이 몸을 꿰뚫어 연꽃을 피우니
곳곳이 극락세계 아닌 곳이 없습니다.

그리하여 아버지를 죽인 원수를 데리고 법화경을 함께 듣고 나중에는 3장을 결집하는데 제일가는 후원자가 되었다.

위데히 부인은 부처님 법문을 듣고 성불에 대한 열망과 일체종지에 대한 희망을 가지고 열심히 정진하니 전생의 공덕력으로 지원력(志願力)이 나타나고 안팎에 힘이 생기면서 나쁜 생각이 모두 없어져 버렸다.

자식이 아버지를 죽였다는 마음, 데바닷다가 부처님을 반역했다는 마음 등 윤회 속에서 허덕이는 마음이 모두 없어져 버렸다. 그리고 중생들을 자식처럼 생각하여 말과 행동이 보고 듣는 사람들로 하여금 행복을 증진해 가도록 하였다.

"아, 이것이 대비심이고 방편력이로구나. 남을 따라 할 때는 가만히 흉내내는 것에 불과했는데, 내가 직접 입으로 염불하고, 귀로 듣고, 마음으로 생각하니 진짜 용맹심이 나타나 자신의 길이 확립되고 남의 길도 안내하는 사람이 되고보니 이것이 보살의 길이로구나."
그리고는 저절로 바라밀(波羅蜜)에 이르렀다.

마음이 멀리 떠나게 되니 세속적인 탐욕과 성냄, 어리석음이 없어져 보시·지계·인욕·정신·선정·지혜가 저절로 닦아졌고, 세상을 향한 갖가지 방편과 원력 지혜가 실천되었다. 누가 지키라 하지 아니하여도 계행이 저절로 지켜지고, 눈·귀·코·혀·몸·뜻의 6근문이 단속되고, 먹고 입고 자는데 량과 시간이 조절되고, 행·주·좌·와, 어·묵·동·정에 믿음·정념·참회·정진이 연속되니 저절로 선정(禪定)이 이루어지며 노래 불렀다.

"극락세계를 발원하고 염불하는 자들이여,

　탐욕·교만·사견에 물들지 말고

　베풀고 받는 자에 탐욕하지 말고

　10악과 감각적 쾌락에 물들지 말고

　잘 참고 진실하게 자애바라밀을 실천하여

　기쁠 때나 슬플 때나 한결같이 하라.

　마음에 평정이 없다면 염불을 하여도 공덕이 없느니라."

『 관경서분변상도(觀經序分變相圖) 』
극락세계의 모습. 일본 서복사(西福寺) 소장.

(8) 아사세왕의 참회

잠을 자려고 눈만 감으면 돌아가신 아버지가 두 눈을 둥그렇게 뜨고 나타나
"너 이놈. 너는 아버지를 죽인 죄인이다. 부처님을 배신한 악인이다. 참회하라."
아자아타사투는 거리로 뛰어나가 돌아다니다가 아버지 주치의 기바의사를 만났다.
"의사선생님. 어떻게 하면 제 병이 나을 수 있겠습니까?"
"임금님의 병은 몸의 병이 아니고 마음의 병이므로 부처님께 참회하여야 병이 나을
 수 있습니다."
"부처님을 죽이려고 했는데 부처님을 어떻게 만날 수 있습니까?"
"부처님은 대자대비(大慈大悲)라 절대로 원한을 갖지 않고 계십니다. 내일 청공(請供)
 하여 준비를 하시면 저와 함께 찾아뵙도록 하겠습니다."

아자아타사투왕은 밤새도록 음식을 준비하여 이튿날 아침 수레에 싣고 영축산을 오르
는데 갑자기 부처님께 매바위(鷲岩) 위에 서서 입은 가사를 펄럭거리는 것이 보였다. 속
에서 불이 나서 잠을 자지 못했는데 가사자락이 펄럭이는 것을 보니 금방 속이 시원해
지면서 마음이 편안해졌다.
"부처님 죄송합니다. 저는 아버지를 죽인 죄인입니다. 용서해 주십시오."
"죄의 과보는 그동안 크게 받은 것으로 생각되나 그 죄는 모든 국민이 용서하여야 참
 회가 될 수 있습니다. 백성들을 향해서 참회하고 어머니·형제들께 참회하고 억울하
 게 갇혀 있는 죄인들을 풀어주십시오."
아자아타사투는 그 길로 병이 나아 대사면행을 실천하고 아버지가 다하지 못한 정치
를 몸소 실천하였다. 그 뒤 나라가 평정해지고 건강이 회복되자 신하들이 이웃나라 밧
지를 정복하자고 건의하였다.

그때 아자아타사투왕은 밧사카라 대신을 보내 부처님께 자문을 구했다. 부처님은 밧
사카나 대신의 질문을 받고 옆에서 부채질하고 있던 아난다에게 물었다.
"아난다야. 밧지 사람들은 자주 모임을 갖고 그 회의에 많은 사람들이 참석한다는 말
 을 들었느냐?"
"예. 들었습니다."
"밧지 사람들은 위아래 사람들이 서로 화목하여 나라 일을 잘 보살핀다는 말을 들었

느냐?"

"예. 들었습니다."

"밧지 사람들은 선인들이 정한 법을 함부로 고치지 않고 그것을 잘 받들어 행한다는 말을 들었느냐?"

"예. 들었습니다."

"밧지 사람들은 어른과 아이들의 차서를 알아 어른을 존경하고 아랫사람들을 잘 보호한다는 말을 들었느냐?"

"예. 들었습니다."

"밧지 사람들은 남녀의 구별이 분명하여 피차 정조를 잘 지키고 여성들을 폭력하고 겁탈하지 않는다는 말을 들었느냐?"

"예. 들었습니다."

"밧지 사람들은 종묘를 숭상하고 남의 조상도 존경한다는 말을 들었느냐?"

"예. 들었습니다."

"밧지 사람들은 노인들을 존경하고 특별히 보호한다는 말을 들었느냐?"

"예. 들었습니다."

"만약 그렇다면 이 세상 어떤 사람도 밧지 사람들을 쳐서 이길 사람이 없을 것이다."

밧사카라 대신은 이 말을 듣고 와서 아자아타사투왕에게 전하였다.

"이것이 일곱 가지 망하지 않는 법이라 하였으니 우리가 남의 나라를 침범하기에 앞서 우리 백성들부터 바로잡는 것이 좋을 것 같습니다."

그 이후로 마가다국은 전쟁없는 평화의 시대를 계속하게 되었다.

어느 날 아자아타사투왕은 달 밝은 날 저녁에 대신들께 물었다.

"오늘 밤에 무슨 일을 했으면 좋겠는가?"

"별장 있는 곳에 가서 파티를 했으면 좋겠습니다."

"극장에 가서 무용·노래 구경하는 것이 좋겠습니다."

"여러 선인(仙人)들이 있는 곳에 가서 법문 듣는 것이 좋겠습니다."

각기 이렇게 자기가 희망하는 대로 말하였으나 기바의사는 아무 말 없이 침묵만 지키고 있었다.

"기바대신은 어찌 아무 말씀이 없는가?"

"고요한 달밤에 달구경도 좋지만 집을 나온 수행자들이 어떻게 사는지 구경해 보았으면 좋겠습니다."

"그래. 그렇다면 기바의사의 뜻대로 합시다."

그리고 영축산 골짜기로 여덟 대의 수레에 16명의 대신과 궁녀들을 태우고 올라갔다.

부처님이 거처하는 망고동산에는 2천명이 넘는 대중들이 모여 있었는데 숨소리 하나 없이 고요하였다.

아자아타사투왕이 조심스럽게 가운데 처진 방갈로 속으로 들어가니 가운데 부처님이 앉아 계시고 동그랗게 반원 모습으로 청정대중들이 둘러앉아 명상 중에 있었다.

너무도 놀라 머리카락이 하늘로 뻗쳐오르는 것과 같았다. 기바의사가 조심스럽게 다가가 부처님께 말씀드렸다.

"아자아타사투왕이 왔습니다."

"어서 들어오시오."

부처님께서는 조용히 선정에서 일어나 대중스님들께 출정(出定)하도록 하였다.

그리고 아자아타사투왕과 그의 권속들의 예배를 받았다.

"부처님. 저희들은 아무도 없는 빈 집으로 알았습니다. 이렇게 많은 대중이 있는데 어떻게 숨소리 하나 들리지 않습니까?"

"원래 선이란 마음으로 닦는 것이기 때문에 말이 필요 없지요."

"오늘 저녁 기바의사의 뜻을 따라 여기 왔습니다만, 참으로 잘 왔다고 생각합니다. 평상시 스님들을 뵙기는 하지만 저녁에는 어떻게 지내는지 궁금했습니다."

"하루에 한 때만 먹고 오후에는 불식(不食)하므로 이렇게 조용히 선정에 들어 있다가 새벽 3시쯤 잠간 취침하고 6시에 일어나 세수한 뒤 탁발 나갑니다."

"이렇게 공부하면 무슨 공덕이 있습니까?"

"수다원·사다함·아나함·아라한의 깨달음을 얻고 마음에 대자유를 얻어 마침내 성불하게 되지요."

"성불하면 어떤 결과가 있습니까?"

"생사의 고통을 벗어나 열반의 저 언덕에 이를 수 있습니다."

"그것은 우리 세속인들로서는 감히 생각하기도 어려운 일입니다만 출가자에겐 또 다른 공덕이 있습니까?"

"있습니다. 임금님께서 지금 여기 오셔서 저희들에게 예배하셨는데, 저에게만 예배했습니까, 모든 스님께도 예배하셨습니까?"

"모든 스님들께도 함께 예배했습니다."

"평상시 임금님께서 대신들과 장자 바라문 거사들께 인사하십니까? 그리고 일반 서민
이나 노예·천인들에게도 예배하십니까?"

"하지 않습니다."

"그런데 이곳 출가대중 가운데는 바라문·찰제리·평민·노예 할 것 없이 4성계급이 골
고루 섞여 있습니다. 이들이 만약 출가수행자가 되지 않았다면 임금님께서 절을 할
수 없는 것인데, 어떻게 절을 받겠습니까. 이 공덕만으로도 출가자는 세상사람들이
생각할 때 최상의 공덕자입니다. 그런데 이미 출가하면 세속적인 번뇌망상이 없어집
니다. 먹는 것 입는 것 자는 것… 그 어느 것에도 걸림이 없으니 이것이 진짜 대자
유인이 아니겠습니까. 만약 마음속에 번뇌망상까지 없어져 버린다면 맑은 바람 밝은
달에 하늘 땅이 다 밝아진 것 같이 될 것입니다."

아자아타사투왕은 비로소 불법의 공덕을 깨닫고 불승들을 더욱 존중하게 되었다.

『 아사세왕의 참회와 공양하는 모습 』
규메미술관.

(9) 탁카실라성 푹쿠시라왕

마가다국은 중인도의 교통요새지라 동서남북에서 장사 오는 사람들이 많았다. 대상들이 올 때마다 마가다국에서는 보기 드문 희귀한 보물들을 가지고 와 선물하자 물었다.

"그대들은 어느 나라에서 왔는가?"

"탁카실라성에서 왔습니다."

"그대들의 임금님은 누구고 나이는 몇 살이나 되었는가?"

"이름은 푹쿠시라왕이고 나이는 72세입니다."

"허, 나하고 동갑이로구나."

"그러나 임금님보다는 훨씬 더 늙어 보이십니다."

"나라를 다스리는데 고민이 많은 모양이지?"

"아닙니다. 작은 나라가 400개가 넘고 위로는 힌두쿠스산맥이 있고 밑으로는 인더스강이 흘러 아주 물산이 풍부합니다. 다만 500명이 넘는 여인들을 거느리고 살아 아들딸이 1천명이 넘습니다."

"큰 복이 있는 사람이로구나. 그런 사람이 만약 불법까지 안다면 더욱 무량수(無量壽) 무량광(無量光)하게 될텐데…"

여러 가지 선물을 주고는 부하들에게 말했다.

"이들 상인들의 세금을 면제해주고 잠자리를 제공하라."

그리고는 그들을 각별히 보호해주었다. 이 사실을 푹쿠시라왕에게 알리자 그는 매우 이 임금님을 칭찬하면서,

"다음 번에 갈 때는 나도 보기 드문 귀한 선물을 내릴 것이니 미리 알려 달라."

그래서 다음 번에 올 때는 유럽에서 생산되는 모슬린 여덟 개를 중국의 실크로 열여섯 겹을 싸서 보내왔다.

마가다국 빔비사라왕은 이 세상에서는 처음 보는 물건이라 궁내외의 모든 관리들과 바라문·장자·거사들께 알려서 구경시키니 모두가 칭찬하였다.

"물건도 물건이지만 이것을 포장한 비단도 지금까지 보지 못한 것입니다."

"그러면 우리는 무슨 물건으로 보답하면 좋겠는가?"

"세상의 물건들은 그런 왕국에 없는 것이 없을 것이니 그 나라에 없는 삼보장(三寶章)을 장식하여 보내는 것이 좋겠습니다."

"어떻게 장식하면 좋겠는가?"

"월보(月寶)라는 보리수로 장식하되 여래의 10호(如來·應供·正徧知·明行足·善逝·世間解·無上士·調御丈夫·天人師·佛世尊)에 걸맞게 기록하고, 법보(法寶)는 법·보·화(法·寶·化) 3신으로 꾸미되 해와 달과 별로 표시하는 것이 좋겠으며, 승보(僧寶)는 바다와 냇물이 한 맛인 것을 표시하여 고기와 용이 함께 뛰어노는 것으로 표시하면 좋겠습니다."

그리하여 인도에서는 제일가는 전단향나무로 알맞게 팔리어 3보장을 장식하되 전통적으로 내려오는 마가다국의 파슬로 문자에 갖가지 조각과 문양을 넣었다. 1년 동안을 장식한 뒤에 금은 옥벽으로 포장하여 보내니 푹쿠시라왕은 이 선물을 종묘에 올려 역대 임금님들께 구경시키고 순서적으로 풀었다. 청·황·적·백·흑 5정색의 비단을 풀어 한 껍질이 벗겨질 때마다 동·철·금·은 등으로 장식한 포장이 나타나면서 그 속에 조각된 글씨와 그림 가운데서 갖가지 향냄새가 진동하고 광명이 쏟아졌다.

"이것이 무엇인가?"

"부처의 상징입니다. 황금땅에 견고한 금강으로 된 보리수는 여러 가지 묘한 보배 바퀴와 훌륭한 꽃, 깨끗한 마니로 장엄되었으며, 온갖 빛깔이 바다와 같이 끝없이 나타납니다."

"이것은 무엇을 상징한 것인가?"

"부처님께서 오랜 세월 보시·지계·인욕·정진·선정·지혜·방편·원·력·지의 바라밀을 닦아 그 본체가 해와 달처럼 빛나고 천강만호에 그 빛이 나타나 한 군데도 빠진 곳이 없는 것을 상징합니다."

"이러한 불법을 믿는 사람들은 어떠한 사람인가?"

"부처님과 법을 믿는 스님들은 사성(四姓)이 절대 평등하여 계·정·혜 3학을 닦아 유리알같이 맑고 깨끗한 행을 실천하고 있었습니다."

"아, 이 세상 밖에 이런 유토피아가 있는 것이 아니라, 이 지상에 이런 세상이 있다는 말이냐?"

"그렇습니다. 그래서 그 임금님께서 하시는 말씀이 '내 동갑내기도 이러한 도리를 안다면 천당·극락을 가지 않고도 그 자리에서 천당 극락의 삶을 살 수 있을 것인데…' 하셨습니다."

"아, 참으로 희유한 일이다. 내가 어젯밤에 높은 히말라야에 올라 동·서·남·북에 두 어깨와 다리를 뻗고 푸른하늘을 바라보면서 천지와 하나되는 꿈을 꾸었는데 오늘 이러한 보물을 만나볼 징조였구나. 내 나이 70이 넘도록 후회없이 이 세상을 살아왔는데 내가 이제 그리는 마지막 유토피아를 찾게 되었으니 나는 오늘부로 이 나라를 나의 자식들에게 물려주고 나도 부처님처럼 출가하여 대자유인이 되고 싶다."

"아이고, 이 무슨 말씀입니까."

"마가다국 임금님처럼 천하를 다 가지고 있으면서도 부처님을 만나시면 더 좋지 않겠습니까?"

"아니다. 그럴 시간적 여유가 없다. 나는 꼭 부처님을 뵙고 죽어야 한다. 모든 아들들과 딸들, 그리고 왕후장상들을 모이게 하라."

푹쿠시라왕은 높은 누에 올라 서서 선언하였다.

"나는 오늘부터 집 있는 곳에서 집 없는 곳으로 출가한 사문이다. 누구고 나를 따르는 자는 법에 따라 처리한다. 모든 여인들은 각기 자기 능력 따라 자유스럽게 살아가라. 현재 가지고 있는 것은 모두가 자기 것이며 누구도 빼앗을 수 없다. 왕위는 왕자에게 계승하게 하며 왕은 각도 시와 군, 면의 지도자들을 법을 따라 발령하라. 그럼 모두 잘 있거라. 나를 따르는 자는 가만두지 않겠다."

사람들은 길을 메우며 100리, 200리까지 따라왔다. 그러나 큰 강을 건너며 누구도 배를 타지 못하게 하여 이것으로 끝이 났다. 그는 2,3일 만에 한 번씩 탁발을 하여 천리가 넘는 길을 걸었다.

"부처님이 어디 계십니까?"

"사위성 기수급고독원에 계십니다."

석 달을 걸어 물었다.

"45요자나나 지나쳐 왔습니다."

그러나 그는 실망하지 않고 돌아섰다.

얼마쯤 오다가 비를 만나 옹기 굽는 집 속으로 들어갔다.

부처님께서 지혜의 눈으로 바라보니 그는 반드시 내일 아침에 이 세상을 하직하게 되어 있었다.

부처님은 시봉들도 거느리지 않고 홀로 120리가 넘는 길을 쏜살같이 달려갔다. 새벽

5시 옹기 굽는 집 속에 들어가니 그는 벽을 바라보고 깊은 명상에 들어 있었다.

"누구시오?"
"탁카실라성에서 온 푹쿠시라입니다."
"당신의 스승은 누구요?"
"샤카모니 부처님입니다."
"언제 스님이 되었소?"
"아직 스님은 되지 아니했으나 마음속으로 깊이 사모하고 있기 때문에 샤카모니 부처
  님은 나의 스승입니다."
"샤카모니 부처님을 보신 일이 있습니까?"
"아닙니다. 단지 내 마음속에 간절히 간절히 사모하는 스승님입니다."
"내가 샤카모니요."
두 사람은 부둥켜 안고 한참동안 있다가 서로 떨어져 예를 올렸다.
"스승님, 제가 스승님께 큰 절을 올리겠습니다."
"그래 먼 길 오느라 고생이 많았소. 여기 계시오 내가 나가 밥을 얻어오리다."
"안됩니다, 스승님. 제가 나가 밥을 얻어 오겠습니다."
"안됩니다, 당신은 나가면 다시 돌아올 수 없습니다."
"돌아올 수 없어도 좋습니다. 저는 이미 다시 돌아올 수 없는 경지에 이른 지 오래
되었습니다."
그는 비 속에 나아가 일곱 집의 밥을 얻어 가지고 오다가 갓 새끼를 낳은 암소에게
받혀 죽고 말았다.

부처님은 즉시 빔비사라 임금님께 알려 국가적인 차원에서 장례식을 치러주도록 하였
다. 빔비사라 임금님은 대신들과 의논하여 보름 동안 근신하며 상여놀이를 해 주도록
하고, 다시 탁가실라성에 연락하여 대왕의 시체를 모셔가도록 하였다. 아름다운 꽃상여
가 만들어지고 그 속을 거룩하게 꾸며 장식하였다. 상두꾼들이 모여 만가를 불렀다.

"이제 가면 언제나 오나 오실 날짜를 일러주시오."
"너희 너희 너화 너 너히가지 넘자 너화 너"

이렇게 향두가(香頭歌)·회심곡(回心曲)·백발가(白髮歌) 등을 부르며 천리 길을 걸어서 전송하자 다시 탁카실라 성에서는 천 명의 아들과 500명의 여인들이 모여 석 달 동안 탑을 세워 그 시신을 모시고 상례를 치렀다.

이것이 불교사경의 시초이고 이 노래가 장차 인도·베트남·한국·일본 등에 전해져 상여소리가 되었다.
"너허 너허 너화너 너히가지 넘자 너화 너."

「 마야부인 」
아프가니스탄 출토, 현 프랑스 동양박물관 소장.

『 6년 고행의 모습 』

『 산치대탑 』

기원정사에서 기적의 천불을 화현한 모습

다메크 스투파 벽면의 아름다운 조각

사르나트의 불교 유적

연꽃 위에 탁발을 엎어놓은 모양으로 된
인도 최대의 스투파

나란다 대학 밑의 스투파

설법인(說法印) 석가여래 좌상.
보리수 밑에서 깨달음을 얻은 성도의 장면. 오른손으로
땅을 치자 천둥이 울리고 석가는 깨달음을 얻는다.
2세기 후반. 페샤와르박물관.

『 6산치대탑 북문 』
높이 8.53m, 기원전 1세기

『 석가모니 부모의 스투파 』

『 부처님 사리탑 』. 파키스탄 소재

『 메난드로스 왕 』

『 아쇼카 대왕 』
페샤와르 박물관 소장

크시나라 중심에 있는 『 대열반당 』

『 열반에 드신 부처님 』
5세기 굽타왕조 때 조성되었다 함. 길이 6m

『 찬드라굽타 왕 』

까삘라국(迦比羅國)

천산(天山)의 황두족(黃頭族)
까삘라 선인이 신선이 되어간 곳

네란자야 강변 옆에 황금 벌판이 펼쳐지고
맑은 호수 푸른 물 위에 연꽃이 활짝 피었네

동·서·남·북 4대문에
노·병·사의 유적이 남아 있고

북쪽 하늘의 푸른 산엔
히말라야의 눈산이 아른거린다.

당산나무 그늘 밑에 붉은 벽돌,
정반왕과 마야부인이 누워계시니
2,500년 샤카족의 역사가
한 눈에 드러난다.

「 주두(柱頭)의 법륜 」
아마라바티 출토. 아마드라스 박물관.

「 태자의 수하관경 」
대좌에는 이른 봄의 관경식(觀耕式)에 참여하였다.
생존경쟁 약육강식의 모습을 보고 고민하는 태자..
간다라 출토. 편암. 기원 2~3세기. 페샤와르박물관.

니그로다 동산 웰루와나 승원

마가다국 좋은 가문에서 출가한 1만명의 아라한들과
까삘라국에서 출가한 비구 1만명이
니그로다 동산에 도착하자
정장을 한 소년들과 예복을 입은 소녀들이
꽃과 향으로 환영하였다.

숫도다나는 옛날 아시타 선인이 태자의 발에 입맞추고
농경제 때 풀, 나무가 고개 숙여 절한 것을 생각하고
5체투지, 성불하여 돌아온 아들에게 큰 절을 하였다.

이때 부처님은 토끼, 용왕, 왕, 태자, 현자 수행으로 태어나
세상을 복되게 하였던 951수의 붓다왕사를 설하여
아버지 정반왕과 부인 야소다라 그리고 이복동생 난타를 교화한 뒤
노히니 강변의 물싸움을 말리니
아들 라훌라, 우팔리, 아누룻다, 밧디야, 아난다, 바구, 키밀라 등
석가족 500명이 따라서 출가하여 아라한과를 증득하였다.

석가왕족들이 세운 유일한 전당
니그로다 동산 웰루와나는 지금도 그 역사를 지키고 있다.

『 마하우마가 본생도 』

부처님께서 전생에 현명한 재판관이 되어 생모와 비생모의 재판을 담당, 생모의 자식을 돌려준 일이 있는데, 서양에서는 이것을 솔로몬의 지혜로 소개하고 있다.

(1) 12년만에 만난 아버지

까삘라국의 숫도다나왕(淨飯王)은 아들 샤카무니가 빔비사라임금님과 앙카국의 여러 대신들을 교화하여 인천의 스승이 되었다는 말을 듣고 대신 칼루다이를 파견하였다.

"내 아들 칼루다이여, 싯다르타가 성불하여 많은 중생들을 제도하고 있다는데 여러 차례 심부름꾼들을 보냈으나 돌아오지 않으니 그대가 가서 모시고 오너라."

대신 칼루다이는 1백 명의 수행원들과 60요자나나 떨어져 있는 길을 당장에 뛰어갔다. 먼저 간 수행원들이 보고 놀랐다.

"큰일났다. 우리 대왕께서 우리들을 기다리다가 제일가는 대신 칼루다이를 보냈으니 장차 이 일을 어찌하면 좋다는 말인가?"

그때 칼루다이가 와서 말했다.

"존경하는 주인이시여, 큰 은혜를 베푸소서.
겨울이 몇해가 가고 봄이 수없이 흘러갔지만
까삘라국에는 아직도 계절의 소식이 없습니다.
마른나무 가지에 찬 바람만 몰아치듯
지금 정반왕궁에서는 백발이 성성한 노왕께서
간절히 간절히 주인이 오시기만을 기다리고 있습니다."

이렇게 칼루다이는 60수의 시를 지어 부처님의 까삘라국 방문을 요청하였다. 이에 부처님께서 말씀하셨다.

"내 왕가의 친지들과 백성들을 위하여 기꺼이 까삘라국에 갈 것을 승낙하노라."

먼저 번에 심부름 왔다가 스님이 된 사람들이 대신께 말했다.

"죄송합니다. 저희들은 숫도다나 임금님의 심부름으로 먼저 왔으나 빔비사라의 부처님에 대한 깊은 신앙과 천명 스님들의 수행하는 모습을 보고 부처님께 말씀드릴 여유도 없이 그냥 스님이 되었습니다. 그러나 이제 부처님께서 본국에 가신다고 하니 저희들이 천천히 모시고 갈 터이니 거리거리에 휴게소를 만들어 식수를 준비해 놓으시고 완전히 하루를 쉬어가야 할 장소에는 숙소를 마련하십시오. 그리고 고향에 가시거든 부처님께서는 나무밑이나 공원 같은데가 아니면 마을 집에 들어가 주무시지 않으시니 이 곳 죽림정사와 같은 절을 하나 만드는 것이 좋을 것 같습니다."

"수행자가 얼마나 됩니까?"

"지금은 3가섭의 1천 제자 이외에도 행각수자 사리풋트라와 목갈라나의 제자 200명, 그리고 먼저 제도된 50여 명이 있기 때문에 항시 따라 다니는 제자가 평상시 1250 명이 넘습니다."

칼루다이는 이들 수행자의 말을 듣고 곳곳에 휴게소를 만들고 또 숙소를 준비하였고 까삘라국에 이르러서는 숫도다나왕과 의논하여 왕궁으로부터 약 4㎞ 떨어진 지점에 있는 니그로다 동산에 휴식할 수 있도록 숙소를 준비하였다.

천 명이 넘는 제자에 구름처럼 몰려오는 구경꾼들을 보고

"오, 내 아들 싯다르타가 진짜 금의환향하는 것이로구나."

생각하고 금수레 은수레를 만들어 타게 하려고 끌고 갔던 숫도다나는 점점 가까이 오는 아들을 보고 아연실색하였다.

금빛찬란한 모습에 비단옷을 입고 오는 것이 아니라 완전한 거지 옷 누더기를 입고 한 손에는 발우에 한 손에는 지팡이를 짚고 서서히 걸어오고 있었기 때문이다.

"이놈, 너 내 곁에 오기만 하면 요절을 내리라."

그는 들고 있던 방(棒)을 한 손으로 굳게 쥐었다. 그런데 이게 웬일인가. 가까이 오면 올수록 태양처럼 빛나는 그 눈을 바로 쳐다볼 수 없었다.

숫도다나왕은 순간 자기도 모르는 사이에 수레에서 내려가 땅바닥에 엎드려 오체투지(五體投地)를 하였다.

"거룩하신 부처님. 참으로 뵙고 싶었습니다."

백발이 성성한 아버지를 일으켜 포옹을 한 싯다르타는 말했다.

"저도 마찬가지입니다. 그러나 깨닫고 보니 하늘 땅이 모두 한 고향이요, 만나는 사람이 모두 전생 부모·형제 아닌 사람이 없었습니다."

이 깊고 깊은 이야기를 어느 누가 이해할 수 있겠는가. 부처님과 숫도다나왕은 12년만의 만남에 더 이상 할 말을 잃고 우두커니 서로를 응시하다가 아들 싯다르타는 천 명의 제자를 거느리고 니그로다 동산으로 돌아가고 아버지는 관료들과 함께 궁으로 돌아갔다.

(2) 거만한 샤카족들

그런데 이렇게 모처럼 싯다르타를 만난 샤카족들은 한 사람도 앞에 와서 인사를 드리는 사람이 없었다.

단지 정장을 입고 거리에 나선 평범한 아이들, 그리고 예복을 차려입은 왕자와 공주들, 나머지 샤카족들은 꽃과 향을 가지고 뒤따랐으나, 3촌이나 4촌, 7촌, 8촌 된 어른들은 그 누구도 부처님을 부처님으로 보지 않고 오직 친척의 한 사람으로 생각하고 자신들 앞에 와서 인사하기를 바랬다.

그러나 부처님은 삼계무주(三界無住)의 성자, 자신보다 훨씬 높게 깨달아 있는 진리 앞에서는 그 누구에게도 고개를 숙이지 않는 성자가 되어 있었다. 그런데 그러한 사람이 이튿날 아침 제자들과 함께 길거리에 나와 탁발을 하고 있었으니 그 사람들이 어떻게 생각했겠는가.

"거지 왕자."

"어떻게 하여 모처럼 출가하여 부처가 되었다고 한 사람이 샤카족 망신을 이렇게 시킬 수 있다는 말인가."

"밥이 없는가 죽이 없는가. 무엇이고 말만 하면 여의륜(如意輪)처럼 쏟아져 나올 것인데!"

이 말을 들은 숫도다나왕은 화가 나서 쫓아갔다.

"게 섰거라, 사문 석자들아. 우리에게 밥이 없느냐, 옷이 없느냐. 무엇 때문에 이렇게 집안 망신을 시키고 있느냐!"

부처님은 우두커니 서서 태연자약하게 말했다.

"이것은 내 조상의 풍습입니다."

"내 조상의 풍습이라. 내 알기로 우리 조상 옥까가 임금님으로부터 100대 이상을 내려오면서 아직까지 밥을 빌어먹었다는 말은 들어본 일이 없노라."

"그것은 왕보(王譜)입니다."

"아니 이 왕보 밖에 또다른 족보가 있다는 말인가?"

"그렇습니다 아버님. 저에게는 불보(佛譜)가 있습니다. 진리를 깨달은 성자에게는 네 집과 내 집이 따로 없고, 네 권속 내 권속이 따로 없으며, 오직 천하만물이 일불제자일 뿐입니다. 하루에 한 때 칠가식(七家食)을 하고 나서는 오후에는 불식(不食)하

며, 오직 세계와 중생을 위하여 봉사하게 되어 있습니다.“

순간 숫도다나왕은 고개를 숙이고 다시 한 번 땅바닥에 엎드려 큰 절을 하였다.
“아! 어리석은지고. 나, 내 것만 아는 범부중생이여, 3계에 주처가 없는 부처님을 알
  아보지 못한 죄를 용서하옵소서. 내일 아침에는 저희 왕궁에서 정식으로 공양을 올
  리겠아오니 저의 청을 받아주시옵소서.”
싯다르타는 말없이 승낙하고 그날은 밥 한 숟갈을 얻어먹지 못하고 굶었다.

「 붓다가야의 석가존재 」
처음 불상이 만들어지기 이전에는 부처님 내지 불교의 상징을 보리수와 법륜, 삼지로 모셨
다. 중앙 위에서 우산 성수(보리수) 삼치표 보좌. 산치. 기원전 2세기.

(3) 야소다라의 개안(開眼)

이튿날 왕궁에 초대되어 가니 자신을 청해 60송의 시를 지었던 칼루다인이 여러 대신들과 관료들을 데리고 나와 인사시켰다. 그러나 진즉 반평생을 함께 살았던 야소다라는 눈에 뜨이지 않았다.

"야소다라는 어디 갔느냐?"

"지금 저 후원방에 앉아 홀로 울고 있습니다."

"아! 그럴 수밖에 없으리라."

공양을 마친 부처님은 그의 제자 사리풋다와 목갈라나를 데리고 후원으로 갔다.

부처님과 그의 제자들이 오시는 것을 본 야소다라는 그만 평상에 앉았다가 땅바닥으로 쓰러지며 큰 소리를 내고 울었다.

은원이 둘이 아닌 부처님은 가만히 한 손을 들어 그의 등허리를 어루만지며 말했다.

"당연히 그럴 수밖에 없으리라. 날개 부러진 새가 어찌 하늘을 날 수 있겠는가."

하고 고개를 푹 숙이고 있는 야소다라에게 말했다.

"그대는 그때 나와 약속한 것을 잊어버렸는가."

여인은 아련히 고개를 들며 말했다.

"무슨 약속을 했기에 내 속을 이렇게 썩힌다는 말입니까?"

"그래. 그대가 생각할 때는 그럴 수밖에 없지. 내가 출가했다는 말을 듣고 그날부터 신을 신지 않고 삼단같은 머리를 잘라 버리고 하루에 한 끼씩만 먹고 살았고, 남루한 옷을 한 번도 갈아입지 않았다는 소문을 들었소. 그러나 그때 우리는 연등부처님 앞에 일곱 송이의 꽃을 바치고 세세생생 버림없는 부부가 되기를 맹세하였으나 마지막 출가하여 독신 수행할 때는 그대가 나를 놓아주기로 약속하지 아니했소?"

야소다라는 꿈만 같았다.

"아, 그랬군요. 나는 그동안 세속적인 사랑에 파묻혀 그날 그때 연등부처님 앞에서 꽃과 옷을 벗어 바치고 수기 받으신 것을 까마득히 잊고 있었습니다. '너는 장차 샤카모니란 부처가 되어 내가 다 제도하지 못한 중생을 제도할 것'이라고 하신 말씀을 미처 생각하지 못했습니다."

"나는 오직 그 때의 약속을 이렇게 지켰을 뿐이요."

"저도 오늘부터 그 때의 약속을 따라 부처님께서 하시는 일을 본받아 행하겠습니다."

"나는 일찍이 당신 앞에서 서원하는 바가 있었습니다. 백만의 마른 뼈 위에서 일전
(一戰)의 승자가 되는 것을 원하지 않는다고!"
"잘 기억하고 있습니다. '나는 외로운 수행자, 내가 잘 모시지 못한 아버지와 자식을
위해 내 대신 보살펴 달라'고 부탁하신 말씀을 기억하고 있습니다."
이렇게 하여 정 많은 태자와 한맺힌 야소다라의 마음은 하루아침에 실타래 풀리듯 풀
려나갔다.

전생의 부처님은 야소다라와 함께 연등부처님께 5경화를 바쳐 수기를 받고
그 부처님의 진흙밭을 밟으며 옷과 머리를 풀어 밟고 나아가게 하였다.

(4) 라훌라의 출가

이튿날도 정반왕은 천이백 대중을 카필라국 궁중 안에서 모시고 공양하게 되었다. 그때 야수다라는 12살 난 아들 라훌라를 데리고 높은 누에 올라가 말했다.

"저기 저 뭇별들 가운데 태양처럼 빛나는 분이 바로 너의 아버지다. 그에게 가서 재산을 상속해달라 말하라."

천방지축 이제 막 피어나는 볏싹처럼 속이 여물지 못한 아들은 스님들을 헤치고 들어가 말했다.

"아버지 저에게 재산을 물려주십시오."

"오, 사랑하는 아들아. 내게 네가 없었다면 어떻게 오늘의 이 영광된 자리를 얻을 수 있었겠느냐."

그는 라훌라를 불끈 들어 무등을 하고 말했다.

"이 아들은 한 아버지의 소망이요, 아버지의 간절한 끄나풀입니다. 내가 이 애가 아직 포대기에 누워 있을 때 만약 성불을 하게 되면 너를 만인 앞에서 무등해 주리라 약속하였는데, 보시오. 아버지의 뜻을 따라 준 아들을!"

모든 스님들은 박수를 치며 우러러 보았다.

부처님은 땅에 그 자식을 내려놓고 물었다.

"라훌라야 보아라. 이 옷이 너에게 맞겠느냐. 아니면 발우와 법장이 너에게 어울리겠느냐. 아직 너에게 이러한 것이 필요치 않다. 눈에는 보이지 않지만 내가 깨달은 진리를 너에게 물려주리라."

그리고 보이지 않는 법을 전해주었다.

천방지축 법이 무엇인지도 모르는 라훌라는 그저 좋아 이리뛰고 저리뛰며 아버지를 따라와 온 대중을 돌면서 공양을 도왔다.

이렇게 해서 아버지를 따라 출가한 라훌라는 장차 10대제자 가운데 밀행제일 라훌라가 되었으나 할아버지 숫도다라에게는 유일한 혈손이었다.

"앞으로 부모 앞에서 출가하기를 희망하는 자에게는 반드시 부모님의 승낙을 받아 출가하게 해주십시오."

그리하여 출가동의계(出家同意戒)가 생기게 되었다.

(5) 난다 왕자

이렇게 일주일 동안 고향을 방문하신 부처님께서는 이제 작별인사를 나누고 떠나야 할 시기가 되었다.

부처님께서는 자신을 젖먹여 기른 이모 마하파자파티에게 찾아갔다. 그 날은 마치 이모께서 낳아 기른 난타왕자의 머리를 풀어 왕위상속자임을 알리는 의식이 있는 날이고, 난다왕자의 이마에 황태자의 명문이 새겨진 머리띠를 매어주는 날이며, 이제 황태자가 머물 궁전을 하사하고 그의 안에서 뒷일을 보살필 황후가 결정되는 날이고, 황태자를 위해 왕가의 흰 일산을 세워주는 의식이 있는 날이었다.

난다 왕자는 형님 싯다르타가 오는 것을 보고 나가 형님이 들고 있는 발우를 받아 꿀물을 가득 채워 들고 나왔다.

그런데 부처님은 그 그릇을 받지 않고 그냥 나왔기 때문에 인도의 풍습으로서는 손님이 앉는 장소까지 그것을 들고 따라가게 되어 있었다. 그런데 부처님은 그곳으로부터 2㎞ 가량 떨어져 있는 니그로다 동산까지 아무 말없이 걸어왔다.

왕자의 사촌 국미(國美)는 난다 서방님을 바라보면서 말했다.

"서방님, 어디 가십니까. 오늘이 약혼식 날인데!"

그러나 왕자는 그 꿀물 그릇을 놓아주기 위해서는 어쩔 수 없이 그대로 걸어오며 망설였다.

"그만 가야되는 게 아닌가?"

부처님의 눈치를 보아가며 걸어갔지만 부처님은 한 마디 말씀이 없이 니그로다 동산에 이르러 사리뿟다에게 명령하였다.

"난다의 머리를 깎으라."

"형님, 안됩니다. 오늘 저는 왕자 즉위식을 해야 합니다."

"안 돼. 너는 나와 함께 도를 닦아야 하고 왕위는 다른 형제들에 의하여 계승되어야 한다. 머지않아 너는 크게 내 말을 감사할 날이 오리라."

숫도다나와 마하파자파티는 부처님을 매우 원망하였다.

"내 가문의 명줄을 끊는다."

그러나 부처님은 듣지 않고 강제로 머리를 깎아 스님을 만들었다.

『 난다의 출가 』
상. 탈출을 방해받는 난다. 하. 난다의 제발식(齊髮式).
페샤와르박물관.

(6) 노히니강의 물싸움

샤카족은 원래 감자왕의 후예로써 일찍이 어머니를 잃고 계모 밑에서 4남5녀 9남매가 단란하게 살았는데, 계모가 들어와서 아들 하나를 더 낳으므로 아버지의 뜻을 따라 따로 살게 되었다. 카필라선인이 공부하여 신선이 되어 갔다는 카필라 촌에 4남4녀가 살림을 차렸고, 큰 누나는 나병이 들어 콜리촌에 별거하고 있었는데, 베나레스에서 왕으로 있던 사람이 역시 나병에 걸려 돌아다니다가 샤카족 형제들을 만나 누나와 결혼시켜 콜리성(拘利城)을 형성하고 살게 되었다.

그래서 이 두 종족은 대대로 혼척 관계를 맺고 살아오게 되었는데, 노히니 강에서 흐르는 강물을 가지고 두 나라가 식수로 사용하고 농사를 지었다. 그런데 어느 해 큰 가뭄이 들어 물이 마르게 되자 위로부터 물을 막아 밑에 있는 사람들은 먹을 물을 구할 수 없게 되므로 두 종족이 큰 싸움을 벌이게 되었다.
"아무리 부모 형제의 자손이어도 죽지 않고 살아야 할 것 아닌가."
사람들은 각기 삽·괭이·몽둥이·대창 등을 가지고 노히니 강변에 모여들었다.
이 소식을 들은 부처님은 아무 것도 가진 것 없이 노히니 강변으로 가 강 가운데 섰다.
"부처님, 부처님."
"빨리 비키십시오."
사람들은 서로 부처님을 부르며 소리 질렀다.
부처님께서 크게 외쳤다.
"사람이 중한가 물이 중한가?"
"사람이 중합니다."
"이 미련한 사람들아. 물로 농사를 지어 사람이 살기 원하는 사람들이 물 때문에 전쟁을 하여 사람을 죽인다면 되겠느냐?"
"부처님 잘못했습니다."

젊은 샤카족 청년들 500명이 나타나 이 문제를 해결하고 마침내는 출가하여 먼저 출가한 샤카족들과 함께 열심히 공부하였다.
그러나 나이든 사람들은 싯다르타는 부모로부터 자식을 빼앗아 가고 아내로부터 남편을 빼앗아가며, 형제들로부터 형제를 빼앗아 간다 원망하였다.

"거지 같은 자식이 부모를 배반하고 출가하여 불효하면서 혼자 잘난 척 한다."

그러나 코살라국 빠세나디왕은 한없이 부러워하였다.

"수천 명의 출가수행자들이 하루에 한 끼만 먹고 부지런히 공부하니 사회질서가 바로
잡히고 도덕사회가 이루어지고 있었기 때문이다.

"나도 샤카족 사람과 결혼하여 부처님과 같은 자식을 하나 낳았으면 좋겠다."

그래서 낳은 것이 비두우바다 유리태자이다.

『 석가족 삼보예배 』
500명 석가족이 삼보께 귀의하였다. 캘커타박물관.

(7) 유리태자의 복수

"부처님 저는 까삘라국의 청정한 피를 계승하고 싶습니다."
"그렇다면 현 임금님께 청해보세요."
까삘라국에서는 빠세나디왕의 청을 받고 가족회의를 열었으나 이에 응할 수 있는 사람은 한 사람도 없었다. 왜냐하면 샤카족은 같은 혈족이 아니면 결혼을 시키지 않았기 때문이다. 하는 수 없이 샤카족 왕족 마하나마에게 시봉을 들던 다가모다와 관계하여 낳은 딸 와사빠깟티야를 보냈다. 거기서 유리태자가 태어났다.

그런데 유리태자가 여섯 살 되었을 때 외갓집에 가고 싶다 하여 갔는데 한 종이 태자가 앉은 곳을 물로 씻으면서, 그를 업신여겼다.
"종년의 자식이 한 나라의 태자가 되어 왔구나."
화가 난 태자가 맹세하였다.
"내 어리석은 우리 아버지와 샤카족의 씨를 한 사람도 남겨놓지 않고 멸하리라."

그는 집에 돌아오자마자 가까운 친구 3천명을 모아 정예부대를 만들고 10년 후 반돌라 장군에게 아버지 빠쎄나의 왕을 죽이게 하고 스스로 왕위에 올라 까삘라국을 정복코자 길을 나섰다. 이 소식을 들은 부처님께서 마른 나뭇가지 밑에 앉아 있었다. 어려서부터 부처님을 자주 찾아뵈어 얼굴이 익은 유리태자가 군인들을 거느리고 가다가 부처님을 뵙고 물었다.
"부처님 어찌하여 저 푸른 나무들을 다 놓아두고 마른 나무 가지에 앉아 계십니까?"
"내 종족의 나뭇가지는 말랐다."
지극한 분노 속에 길을 나선 유리태자이지만 부처님의 이같은 말씀을 듣고 차마 진군할 수 없었다. 이렇게 두 번, 세 번 반복되는 사이 소문이 퍼졌다. 영리한 샤카족 청년들은 그때 도망쳤지만 어리석은 사람들은 그대로 있다가 3천 명의 군인들에게 그물에 걸린 물고기처럼 한 사람도 남지 않고 모두 죽게 되었다.

비두우바다 유리태자는 외할아버지 마하나마 대왕에게 말했다.
"무슨 할 말 없느냐. 한 가지 소원만은 들어주겠다."
"내가 저 물 속에 들어가 시체가 떠오를 때까지 도망친 사람은 죽이지 말아 주시오."

그리고 마하나마 왕은 큰 저수지 속으로 뛰어들었다. 그러나 두 시간이 넘도록 시체가 떠오르지 않자 잠수부를 시켜 들어가보니 자신의 상투를 물 속의 나무뿌리에 꼭 묶고 죽어 있었다.

그리하여 유리태자는 그의 권속들을 칼로 쳐 그 몸에서 흐른 피로 왕궁을 청소하게 하여 샤카족이란 족속을 한 사람도 남겨놓지 않고 모두 잡아 죽였다.

존자 난다는 비로소 자기의 출가를 강제로 인권한 부처님의 깊은 뜻을 알고 또 '머지 않아 너는 크게 내 말을 감사할 날이 오리라' 하신 부처님의 말씀을 생각하고 더욱 감사해 마지않았다. 만일 그가 출가하지 않았다면 그는 가법에 따라 부처님을 대신해 왕위에 오르고 왕위에 올랐으면 사촌 마하나마 대왕이 당한 굴욕과 패배를 자기가 대신 당하지 않으면 아니될 것을 그제서야 비로소 깨달은 까닭이다.

이것은 현세에서 지은 빚을 현세에서 받은 인연 설화이다.

유리태자는 그 길로 본국으로 돌아와 정예부대 3천 명과 개선을 축하하는 잔치를 갠지스 강가에서 3일 동안 열다가 갑자기 큰 소낙비가 내려 한 사람도 살아남지 못하고 모두 물에 빠져 죽었으니 두 나라가 이렇게 하여 멸망하게 되었다.

또한 이것이 기회가 되어 네팔의 까삘라국은 완전히 쑥밭이 되고 인도에 새 까삘라국이 생기게 된 것이다. 그때 멀리 도망쳤던 사람이 유리왕이 죽은 뒤에 와서 바로 나라를 세웠기 때문이다.

『 석존의 귀향 』
석존이 왕사성을 방문하다. 캘커타미술관.

3. 웨살리성의 왕자들

웨살리성(吠舍釐城)은 비사리(毘舍離)·비사리(鞞舍離)로
광엄성(廣嚴城)이라 번역한다.
마가다국과 항하(갠지스강) 사이에 일찍부터 있었던
왔지 왕국이 도성을 형성하여 국가를 이룬 것이다.
왕사성 빔비사라왕과는 별로 사이가 좋지는 않았으나

부처님께서 자주 왕래하심으로 인하여 후세에 유마힐경·보문다라니경 등의
대승경전이 이곳에서 나타나게 되었고,
부처님 당시에는 암바발리와 유마힐 장자와
보적 이야기로 크게 불전(佛典)을 장식하였다.

그리고 불멸 후 1백년 경에는 십사비법(十事非法)에 의해 나타난
상좌·대중부의 결집지로써 널리 알려져 있다.

언제나 외도들의 논전이 극심하고
술집, 무희들이 많아 유흥장으로 알려져 유행병이 들끓었으나
유마거사 암바발리 같은 지성인들이 많아
여시녀의 참회가 있은 뒤로
부처님의 마지막 안거도 이곳에서 이루어졌다.

(1) 삿차가 가문의 논전

사실 웨살리성 왕자들은 각기 대국에서 한 왕자가 왕의 후계자로 뽑히면 장차 쿠테타를 일으킬 염려가 있었으므로 웨살리성으로 쫓아서 특별교육을 하는 장소가 되었다.

이들은 교육 도중 여러 행각 사문들께 논전 붙이는 것을 큰 재미로 알고 살았는데 한 번은 500가지의 능력을 가진 행각 사문 삿차가가 왔는데 그에 버금가는 여인이 나타나 석 달 동안 논전하였으나 결과를 얻지 못하자 두 분을 결혼시켜 더욱 귀한 논사를 낳게 하였다. 과연 삿차가는 귀한 아들을 낳아 그 이름도 삿차카라 하고 또 4명의 딸을 낳아 만인이 우러러 보는 가운데 7천 명 왕자들의 스승으로 살고 있었다. 그런데 그때 부처님 제자 앗사지가 지나가자 아들 삿차가가 물었다.

"그대는 누구의 제자입니까?"

"석가모니 부처님 제자입니다."

"석가모니 부처님은 무엇을 주장합니까?"

"무아(無我)를 주장합니다."

"그렇다면 나하고 논전을 한 번 하게 해 주십시오."

그리하여 7천 명 왕자와 웨살리성 1만여 대중이 모인 가운데 논전이 벌어졌다.

"이 세상 내가 없다면 무슨 재미로 삽니까?"

"재미없는 재미로 산다."

"어찌하여 내가 없습니까?"

"5온이 다 공하기 때문이다."

"거룩하십니다, 세존이시여. 저희 어리석음을 한 말씀으로 깨우쳐 주셨습니다. 땅이 없이 내가 어떻게 서며 물이 없이 땅이 어떻게 존재할 수 있겠습니까?"

"그대는 7천 왕자의 스승이니 금세에는 그대로 지내고 내생에는 스리랑카에 가서 법을 펴라."

그 분이 바로 스리랑카 깔라붓다 락카타난 장로이다.

네 딸은 어머니의 명령을 받고(속인에게 지면 한 속인의 네 부인이 되고 스님에게 지면 넷이 같이 한 스님의 제자가 되라) 기원정사 앞에서 사리불과 논전을 벌여 항복함으로써 마하파자파티의 제자들이 되었다.

(2) 가라육왕의 제2결집

제2결집은 아사세왕의 제1결집에 이어 불멸 후 100년경 가라육왕이 웨살리성에서 10사비법(十事非法)을 가려 정법을 지킨 것이다.

① 전날 받은 소금을 저축해 두었다가 다음 식사 때 쓴다(鹽事淨)
② 정오 2시간까지는 밥을 먹을 수 있다(二指淨)
③ 밥 먹은 뒤에 또 먹을 수 있다(隨喜淨)
④ 자리를 옮겨서는 또 먹을 수 있다(道行淨)
⑤ 우유, 꿀, 설탕 등을 간식으로 먹을 수 있다(酪漿淨)
⑥ 병 치료를 위해서는 술을 마실 수 있다(治病淨)
⑦ 몸의 크기를 따라 좌구를 만들 수 있다(坐具淨)
⑧ 따로 갈마법을 짓고 나중에 와서 고백할 수 있다(高聲淨)
⑨ 전 사람이 하던 일을 따르면 율에 위반되지 않는다(舊事淨)
⑩ 금·은·돈 따위를 가질 수 있다(金寶淨)

이 열 가지를 부정했으므로 10사비법이다.

과거불과 미륵보살. 좌단에 물병을 든 미륵.
간다라 출토. 편암. 기원 3세기. 페샤와르박물관.

(3) 여시녀의 구병(救病)

부처님께서 까삘라국을 다녀오신 뒤 얼마 되지 않아 부처님의 제자들이 탁발 나갔다가 번번이 골탕을 먹은 집이 있었다. 여시녀(如是女)의 집이다.

대대로 부자로 살아오면서도 외부인에게는 아주 인색하게 알려져 그 집 대문을 거쳐 들어간 사람이 거의 없었다.

부처님께서 웨살리성에 오셨다는 말을 듣고 외동딸 여시녀가 아버지께 말씀드렸다.

"아버지께서는 이 세상에 태어나신 이후로 바라문·장자·거사할 것 없이 누구에게도 공양한 일이 없는데 이번 기회에 샤카무니 부처님께 공양하시는 것이 어떻습니까?"

"너의 원이 그렇다면 우리 집안의 번성을 위해서 공양하겠노라. 우리 집에서 최고로 귀한 유리 그릇에 최고로 귀한 음식을 담아 공양하리라."

이렇게 약속이 이루어져 초문·중문·대문을 지키는 수문장들이 대문을 열어놓고 늘 기회만 보고 있었는데, 하루는 부처님께서 다른 집을 들리지 않고 바로 여시녀의 집으로 들어왔다.

여시녀의 아버지는 말씀을 듣고 곧 창고에 들어가 귀한 음식을 유리 그릇에 가득 채워 가지고 나왔는데, 부처님의 몸에서 황금 찬란한 빛이 나타나 온 그릇이 그대로 황금 덩어리로 변하자 그릇을 내려다본 바라문은 말하였다.

"이 그릇은 전래로 우리 조상들께서 물려주신 그릇인데 온통 황금빛으로 변했으니 이 그릇을 고타마에게 준다면 우리집 복이 그대로 다 남의 집으로 나가게 될 것 아닌가."

그리고 가지고 왔던 그릇을 도로 가지고 들어가 나타나지 않으므로 부처님께서는 그날 다른 집에서도 음식을 얻지 않아 굶주리고 마가다국으로 왔다.

그런데 그날 저녁부터 갑자기 여시녀의 몸에서 뱀허물 같은 것이 생기더니 온몸이 불어터지고 그것이 바람을 따라 이웃집에까지 번져 웨살리성 전체가 사창병(蛇瘡病)으로 골머리를 앓았다.

이 균이 한 번 몸에 붙기만 하면 누구나 몸에서 열이 나고 입술이 붉게 물든 뒤 온몸이 뱀허물처럼 부풀어 오르다가 그만 숨을 거두었다.

한 달 두 달 시간이 가다보니 온 나라가 죽을 지경에 이르렀다. 더군다나 비까지 오지 않아 산천초목이 붉게 물들었고, 온 벌판이 손바닥처럼 벌어져 살 수가 없게 되었다.

그동안 6사외도를 모셔다가 갖가지 의식을 집행하고 부란다 가섭·말가리·구사리자·산자야비라지자·아기다시흠바라·가라구타가전연·니건자야 등이 와서 갖가지 의식을 하였어도 소용이 없었고, 이름난 점쟁이 무당들이 굿을 하여 빌었어도 소용이 없었다.

이에 왓지 궁성에서는 왕자들이 회의를 소집하고 방책을 구한 결과 마가다국에 계신 부처님을 모시는 수밖에 없다는 결론을 내렸다.

"알 수 없는 병이 국경에까지 번졌으니 마가다국을 지키기 위해서라도 특별한 조치를 내려 주십시오. 부처님께서 여시녀의 집을 다녀가신 뒤 일어난 일이므로 천생 부처님이 이 나라에 와 주셔야 이 병이 나을 것 같습니다."

마가다국왕은 백방으로 연구하다가 부처님께 여쭈었다.

"어찌하면 좋겠습니까?"

"업보에 차별이 있지만 죽어 가는 사람들을 그대로 보고 있을 수만은 없지 않겠습니까?"

그래서 부처님께서는 5백명의 제자들을 거느리고 갠지스 강을 건넜다. 빔비사라왕은 부처님께서 타신 배가 강 가운데까지 이를 때까지 목에 물이 넘치도록 따라오면서 간절히 부탁드렸다.

"부처님 건강하게 다녀오셔야 됩니다. 부디 몸조심 하십시오."

그런데 그 배가 막 강 언덕에 이르려 할 때 갑자기 회오리 바람이 불더니 먹구름을 일으켜 소낙비를 퍼부었다. 3일 동안 연속 내려 거리에 쓰러져 있던 시체들이 모두 강물로 휩쓸려 와서 온 국토를 깨끗이 청소하였다.

부처님께서는 웨살리 성문에 이르러 아난존자에게 일렀다.

"네가 이것을 가지고 큰 소리로 외우면서 성벽 주위를 세 바퀴 돌아라."

아난존자가 천천히 걸으며 '라타니숫타'를 외우니 사람들이 큰 발우에 물을 채워 버드나무 잎으로 찍어 뿌리며 뒤를 따라갔다. 순간 뇌성벽력이 요란하게 울리더니 모든 균들이 수그러들었다. 여시녀가 그의 아버지와 함께 나와 참회하였다.

"부처님 용서해 주십시오. 저희들의 인색한 마음이 이 세상을 이렇게 병들게 하였습니다."

"그렇다면 바로 집에 들어가 대문을 열고 어려운 중생들을 위해 보시하라."

수백 명의 종들이 창고에 들어가 음식이며 의복·와구·약들을 가지고 나와 보시하니 마음이 흡족해졌다.

그런데 그때 서쪽 하늘에 무지개가 나타나더니 그 무지개 위에 세 분의 불보살이 나타났다.

"아미타불·관세음보살·대세지보살."

아미타불 좌측에 있는 관세음보살이 병속에 물을 버드나무에 묻혀 뿌리니 웨살리성이 온통 이슬비처럼 시원하게 비가 내리는데 맑은 바람이 전단향풍을 몰고 와 모든 사람들의 병이 말끔히 가셨다. 왔지국의 공자들은 모두 허공에 뜬 부처님을 보고 예배드리며 부처님께 감사드렸다.

"저희들은 오늘 귀한 경전의 법문 소리를 듣고 향기로운 냄새를 맡았으니 앞으로 이
　세상을 더욱 복되게 하겠습니다."

"세상의 복은 하늘에서 오는 것이 아니라 짓는 사람들의 몫이니, 인색한 마음을 버리
　고 성내고 어리석은 마음을 버려라. 그리고 저 관세음보살처럼 대자대비한 마음으로
　세상을 복되게 하라."

부처님은 그 길로 돌아오면서 갠지스 강가에 거주하는 8대 용왕과 토지 호법선신들을 교화하고 왕사성에 돌아와서 법문하였다.

"이 세상의 삼재팔난(三災八難)이 자연의 원리에 의해서도 나타나지만 사람의 마음속
　에 삼독심(三毒心)이 불어나면 나타나게 되어 있으니 몸과 입과 뜻을 깨끗이 하라."

「 원숭이의 꿀보시 」
원숭이가 아난에게서 발우를 빌려 나무에 올라가 꿀을 담아 석존에게 바친다. 석존이 제자들과 맛있게 먹는 것을 보고 좋아서 뛰어다니다 구멍에 빠져 죽는다. 그 선행으로 원숭이는 바라문의 집에 태어난다. 라호르박물관.

4. 코살라국의 빠나세라짓왕(婆斯匿王)

사 위 성

사위성은 실라벌성(室羅筏城)으로
실라벌실실져(室羅筏悉底)·시라바데(尸羅波提)로 음역하고
문자(聞者)·문물(聞物)·풍덕(豊德)·호도(好道) 등으로 번역한다.

지금 콘다주의 사혜트 마혜트로이다.
중인도 코살라국(憍薩羅國)의 도성으로
부처님 당시에는 바사익왕과 유리왕(瑠璃王)이 다스리고 있었다.
성 남쪽에 유명한 기원정사(祇桓精舍)가 있어
부처님께서 일생동안 25회 이상 안거를 지내시면서
300경이 넘는 경전을 설하시었다.

우리나라와 깊은 관계가 있는 것은
우선 신라(新羅)·서라벌(徐羅伐)이라는 국호가
실라벌성(室羅筏城)에서 유래되었으며,
여기서 매년 7월부터 8월 사이에 지내던 한가위 행사가
우리나라에 전해져서 팔월 한가위가 되었다.

또 바사익왕의 딸 승만(勝鬘)·선덕(善德) 등의 이름이
우리나라 임금님의 명칭으로 사용되었고,
또 김수로왕의 부인 허왕후(許王后)도 이곳 출신으로 알려져
몇 년 전 김해김씨 문중에서는 기념탑을 세우기도 하였다.

기원정사

2,500년 전 기원정사의 달빛이
오늘 서울 하늘에 높이 솟아오르니
천강만호에 비친 달이 물결 따라 밝게 빛나네.

기원정사를 지은 기타태자와 급고독장자
그리고 그의 딸·며느리·조카 수보리
말이부인의 영향을 받아 불법에 귀의한
코살라 임금님과 그의 딸 승만부인

네 번이나 시집갔다 실패한 연화색비구니
아난존자를 사랑하다가 깨달음을 얻은 마등가 여인
아흔아홉 사람을 죽이고 출가하여
하룻밤 사이에 3세인과를 깨닫고 아라한이 된 아힌샤카―

이 모든 사람들의 이야기가
기원정사 속에 묻어 나온다.

『 육아 본생도 』
부처님께서 전생에 코끼리로 태어나 젊은 사냥꾼에게 자신의 몸을 보시하고
1년에 한 마리씩 늙은 코끼리를 잡아가 코끼리 씨가 마르지 않게 하라 경계한 모습.

(1) 말이부인과 빠나세라짓왕

중인도 실라벌성(舍衛城) 빠나세라짓왕은 아들 제타(祇陀)태자와 대신 아나타삔디까(須達多)가 뜻을 모아 제타바나바하라(祇園精舍)를 짓고 거국적인 낙성식을 하였어도 나타나지 않았다. 그런데 하루는 사냥 나갔다가 말이부인을 만나 차차 불법에 인연을 맺음으로써 마가다국 빔비사라왕 이상으로 불법을 깊이 믿게 되었다.

말이부인은 원래 까삘라국 한 지사(知事)의 딸로 전쟁 때 포로가 되어 장자 야야달의 종으로 팔려와 있었다. 꼬두밥 한 그릇을 부처님께 공양하고 기분 좋게 산지기를 하다가 오후에 한 사냥꾼(빠세나디왕)이 말에서 떨어져 죽게 된 것을 보고 달려가 그를 살림으로써 일국의 왕후가 된 분이다.

장자 야야달이 자기 생일날 3백석의 쌀로 꼬두밥을 만들어 여러 사람들에게 공양하였다.

"야, 부자가 부자 되는구나. 장자는 전생에도 저렇게 복을 지었기 때문에 금생에 이렇게 복 있게 사는데 금생에 또 이렇게 복을 지으니 내생에는 얼마나 큰 부자로 잘 살겠는가. 나도 내 몫이 나오면 먹지 않고 훌륭한 성자에게 공양하리라."

이렇게 생각하고 있을 때 자신의 몫으로 꼬두밥 한 덩어리가 나오자 호박잎사귀에 싸들고 직장인 산으로 가면서 원했다.

"신이시여, 이 음식을 귀한 성자께서 받아 드실 수 있게 하소서."

말이 끝나자 한 성자가 발우를 들고 길을 지나갔다. 말이부인은 쫓아가서 말했다.

"거룩한 성자시여, 저의 공양을 받아 주십시오."

성자는 서서 공양을 받고 물었다.

"그대의 소망이 무엇인가?"

"소망이라 할 것이 있겠습니까만 가능하다면 금생에 노예에서 해방되고 내생에는 왕후가 되어 거룩한 성자들을 받들기 원합니다."

"그대에게 밝은 빛이 있으라."

말이부인은 그 축원을 받는 순간 배 고픈 생각도 다 잊어버리고 희열에 차 노래를 불렀다. 산장에 이르러 산을 지키고 있는데 오후 3시쯤 한 사냥꾼이 말을 타고 지나가다가 말에서 떨어져 사경을 헤매었다. 급히 물을 떠다가 목을 축여드리고 몸을 주물러 살려냈는데 바로 그 분이 코살라국 빠라세나짓왕이었다. 말이부인은 궁중으로 모셔져 왕후가 되었으며 왕후 즉위식에서 왕은

"나의 생명의 은인 말이부인이 새 왕후가 되었다."

선포하고 물었다.

"당신의 소망이 무엇이오?"

"제가 생각하건대, 지나가는 성자에게 꼬두밥 한 그릇을 공양한 인연으로 내가 왕후가 된 것 같으니 좋은 음식으로 출가수행자들게 법 답게 공양하기를 희망합니다."

그녀는 제타바나 동산에 공양갔다가 그 날 자기 공양을 받아 주신 분이 바로 부처님인 것을 알고 물었다.

"이 세상에서 제일 귀한 것이 무엇입니까?"

"자기의 생명이다."

"저는 어찌하여 이렇게 천인이 되었다가 귀한 사람이 되었습니까?"

"남을 업신여겼다가 귀한 사람을 공경한 덕이다."

이 이야기를 빠세나디왕에게 하니 버럭 화를 내며 칼을 번쩍 들었다.

"너희들이 누구 때문에 이렇게 귀한 사람이 되어있는 줄 아느냐?"

"물론 임금님 때문이지요. 그러나 본래 내가 없었다면 어떻게 이렇게 귀한 사람이 될 수 있겠습니까?"

"하긴 그렇군."

하여 생명의 존엄성을 처음 깨닫게 되었다.

(2) 아라한의 정의

그 뒤 얼마 있다가 부부가 함께 제타바나 사원에 가게 되었는데, 가서 보니 부처님은 자기보다도 몸이 호리호리하고 훨씬 젊어 보이는 수행자였다. 인사를 드리지 않고 지나가는 선인들을 보고 큰 소리로 외쳤다.

"나는 실라벌성 빠나세라짓왕입니다."

지나가는 선인들이 손을 흔들며 매우 기뻐하였다. 이어서 부처님을 뵙고 생년월일을 물었다.

"무슨 생 몇 월 몇 일에 태어났습니까?"

"갑인생 4월 8일에 태어났습니다."

"허, 나하고 동갑내기네. 나하고 생일도 같고!"

"언제 성불하였습니까?"

"12월 8일 성도하였습니다."

"아 그 날이 바로 내가 왕위에 오른 날입니다."

그는 반가워하며 질문하였다.

"내 한 가지 묻겠습니다."

"무엇입니까?"

"듣건대 이 세상에서 가장 귀한 것이 생명이라 하였다 하는데 사실입니까?"

"그렇습니다. 생명이 없는데 왕이 될 수 있겠습니까. 여러 사람을 거느리고 나라의
임금이 된 것은 전생에 많은 복을 지은 덕입니다."

"아, 그런데 그러한 귀한 생명을 나는 그동안 나의 종처럼 생각하였습니다."

"조금 전 지나가는 행인들과 큰 소리로 인사를 교환하였는데, 잘 아는 사람들입니까?"

"예, 나이 많은 아라한들입니다."

"나이가 많은 수행자라고 모두 아라한이 되는 것은 아닙니다."

"그럼 아라한이란 무슨 뜻입니까?"

"생사의 경계를 초월한 사람입니다. 눈·귀·코·혀·몸·뜻이 빛·소리·냄새·맛·감촉·법에
끄달리지 아니할 정도가 되면 수다원이 되고, 그 끄달리지 아니한 것을 기쁨으로 삼
고 살면 사다함이 되고, 사다함이 그 기쁨까지 여의면 아나함이 되고, 아나함이 생
사의 경계를 떠나면 아라한이 됩니다."

"아, 저는 그런 것을 잘 모르고 나이든 성자들은 모두 아라한으로 보고 존경하였습니
다. 그렇다면 이 세상에서 조심하여야 할 것이 있다면 어떤 것입니까?"

"임금님께서는 다음 네 가지를 특히 조심하여야 합니다.
첫째는 불이니, 불은 작아도 사람과 재물을 태우는 까닭이고,
둘째는 독사니, 독사는 작아도 물리면 죽거나 죽음 보다도 더 큰 고통을 겪게 되기
때문이며,
셋째는 왕자를 업신여기면 안됩니다. 장차 왕이 되면 부모·형제도 상할 수 있기 때
문입니다.
넷째는 깨달은 사람입니다. 깨달은 사람을 업신여기면 지혜를 얻을 수 없습니다."

빠나세라짓왕은 깊이 뉘우치고 감탄하였다.

"부처님은 참으로 위대한 사람입니다. 넘어진 사람들을 일으켜주고 어두운 곳에 빛을 주는 어른이십니다. 살아있는 동안까지 부처님을 스승으로 모시고 섬기겠습니다."

(3) 무의미한 희생제(犧生祭)

그런데 하루는 가뭄이 들어 곡식이 타들어 갔다. 빠나세라짓왕은 전래로 조상들이 해 온대로 소·말·돼지·양 등 많은 짐승들을 잡아 천제(天祭)를 지내려고 묶어 놓으니 짐승들이 매우 슬피 울었다.

아난존자가 이것을 보고 부처님께 아뢰자,

"참으로 미련한 사람들이다. 비가 오지 않는 것은 기후와 관계 있는 것인데 애꿎은 짐승들과 무슨 관계가 있겠는가!"

하였다. 이 소식이 궁중에 알려지자 빠나세라짓왕이 화가 나서 물었다.

"조상 대대로 내려오는 의식을 어찌하여 비방하시는 것입니까?"

"모르면 미신이요, 알면서도 잘못 섬기면 우상입니다. 하느님들은 털 달린 짐승을 먹지 않습니다."

"그럼 무엇을 먹습니까?"

"단 이슬(甘露)을 마십니다."

"그러면 어떻게 하면 좋겠습니까?"

"이왕에 모아 놓은 짐승들이니 나이든 것은 희생하여 백성들에게 공양하고, 어린 것들은 청년들에게 나누어 주어 길러 번식하게 하면 부유해지지 않겠습니까?"

"만약 재를 지내지 않아 후환이 생긴다면 누가 책임을 집니까?"

"인심이 천심이라 사람들이 착한 일을 하고, 악한 일을 하지 아니하면 반드시 하늘이 도울 것입니다."

그래서 그 다음부터서는 희생제를 따로 지내지 않았으나 매년 풍년이 들어 굶주린 사람들이 없어졌다.

빠나세라짓왕이 마가다국과 사이가 좋지 않았다.

전쟁을 하고 싶지 않아 군인들을 멀리까지 후퇴시켰는데도 기필고 적들이 따라와 이

내 전술로 적장을 잡았다.

"어떻게 할까요?"

"이기면 원수가 되고 지면 괴로워 누워도 편치 못하니 이기고 지는 두 가지를 다 버
리면 누웠던 깨어 있든 항상 즐거울 것입니다."

빠나세라짓왕은 몸이 부처님 세 배나 되어 한 번에 한 말들이 밥을 먹었다. 항상 숨
을 헐떡거리며 걱정하였다.

"어떻게 하여야 몸이 가벼워지고 숨이 가쁘지 않을 지 모르겠습니다."

"식량(食量)을 3분의 2로 줄여보세요."

그리하여 밥을 먹을 때마다 옆에서 밥을 떠 먹여주는 시자에게 밥숟가락을 헤아리게
하여 열 숟가락 먹던 것을 여덟 숟갈로 줄여 다이어트하게 하였더니 얼마 가지 않아 숨
이 가쁘지 않게 되었다.

부하 반돌라장군이 옛날 탁실라성에서 유학할 때 동기생이었는데 아기를 낳지 못해
부인을 친정으로 보내려 하자 부처님께서 앙카못에 가서 목욕하면 아이를 가질 것이다
하였다. 과연 앙카못에 가서 목욕하고 연년히 쌍둥이 열여섯 쌍을 낳아 군인을 만드니
씩씩하기 그지 없었다.

빠나세라짓왕의 아들 유리태자가 아버지를 제거하기 위해 반돌라장군을 이용하여 죽
이게 하고 본인이 왕위에 오른 뒤 샤카족을 쳐 멸종시켰는데, 개선 후 갠지스강에 나가
파티를 하다가 하룻저녁 사이에 갑자기 소낙비가 쏟아져 모두 죽고 말았다.

부처님은 말년에 부처님을 외호하던 빔비사라왕과 빠나세라짓왕이 없어지니 마음이
매우 고적(孤寂)하였다.

"바라문·왕족·거사·장자 할 것 없이
죽으면 어두운 곳에서 어두운 곳으로 가는 자도 있고
어두운 곳에서 밝은 곳으로 가는 자도 있으며,
밝은 곳에서 밝은 곳으로 가는 자가 있으니
이는 모두가 자신의 지은 업의 소관 때문이다."

빠나세라짓왕은 숨을 거두기 직전 불과 뱀, 왕자를 조심해야 한다는 말을 생각하고
"탐욕의 불, 성냄의 뱀, 어리석은 왕자를 조심했어야 하는 것인데 미련하게 불과 뱀,
  왕자만 생각하였으니 내가 그 때문에 망하노라."
하고 후회하였다.

(4) 승만부인의 서원

빠세나디왕과 말이부인의 사이에서 태어난 승만부인은 멀리 아요다 우칭왕에게로 시
집 갔으나 항상 어머니 말이부인의 편지를 받고 부처님 섬기는 마음이 간절하였다.
그래서 하루는 높은 누에 올라가 향과 꽃을 받치고 발원하였다.
"부처님 저도 부처님과 당신의 제자들을 뵙고 싶습니다."

그런데 갑자기 부처님과 그의 제자들이 허공 가운데 나타나 말했다.
"여래의 참된 공덕을 찬탄한 인연으로 그대는 한량없는 미덕으로 천상인간계에 태어
  나 대자유를 얻은 몸이 될 것이다. 어느 때 어떤 곳에 있을지라도 항상 부처님을 볼
  수 있을 것이며, 2만아승지겁 후에는 보광(普光)부처님이 될 것이다. 이렇게 성불한
  나라에는 나쁜 일이 없고 늙고·병들고·죽는 일이 없을 것이며, 마음에 맞지 않는 일
  이 없을 것이다. 항상 그 나라에는 몸과 목숨이 갖추어진 대승보살들이 꽉 차 즐거
  운 생활을 할 것이다."

그리고 부처님은 3귀 5계를 설해주셨다.
"불·법·승 3보에 귀의하고 살생·도둑질·사음·거짓말을 하지말며 정신을 해치는 술을
과음하지 말라."

"부처님 저는 오늘부터
① 받은 계율을 청정히 지켜 범할 생각을 내지 않겠습니다.
② 어른들께 교만한 생각을 내지 않고
③ 중생들에게 성내는 마음을 일으키지 않으며,
④ 남의 잘 생긴 용모를 시기하거나 패물에 대해서 부러워하는 마음을 내지 않겠습니다.

⑤ 제 몸이나 제 소유에 대하여 아끼는 마음을 내지 않고

⑥ 제 자신을 위해서 재산을 모으지 않고, 가난하고 외로운 중생을 위해서 사업하겠습니다.

⑦ 보시와 부드러운 말과 이로운 행과 처지를 같이 하는 일로 중생을 거두어주고, 항상 때묻지 않고 싫어하지 않고 거리낌 없는 마음으로 중생들을 대하겠습니다.

⑧ 외로워 의지할데 없거나 구금을 당했거나 병을 앓거나 여러 가지 고난을 만난 중생들을 보게 되면 그들을 도와 편안하게 하고 고통에서 벗어나게 하겠습니다.

⑨ 살아있는 짐승들을 붙잡거나 가두어 기르거나 계율을 범하게 되는 것을 보게 되면 제 힘이 닿는데까지 그들을 타이르고 거두어 나쁜일이 고쳐지도록 하겠습니다. 왜냐하면 그리하므로서 바른 법이 오래 머물고 나쁜 일이 점점 줄어들어 부처님의 가르침이 널리 퍼지지 않게 되기 때문입니다.

⑩ 바른 법을 깊이 새겨 잊어버리지 않겠습니다. 바른 법을 잊어버리면 대승을 잊어 열반에 들어가는 길을 알지 못하게 되기 때문입니다. 만약 보살이 대승의 가르침을 잊어버리면 바른 법을 거두지 못하고 스스로 삿된 길에 빠져 범부의 세계에서 벗어나지 못할 것입니다. 그는 이것을 큰 죄악이라 생각합니다. 바른 법을 몸에 지님으로써 미래의 보살들을 헤아릴 수 없는 복덕을 누리고자 합니다."

"그래, 모든 법이 빈 허공 속에 들어있는 것처럼 보살의 무수한 원력 속에 일체 중생의 평화가 들어있다. 그대의 선근 속에 반드시 불과(佛果)는 이루어지고 말 것이다."

"감사합니다, 부처님. 저는 항상 태어날 때마다 중생들을 안락케 하고 바른 법을 지혜로써 이끌어주며, 게으르고 싫어함이 없이 몸과 목숨을 바쳐 잘 보호하겠습니다."

이것이 장차 사자후승만경으로 편집되었다.

특히 어머니 말이부인이 전생에 미인을 박대하고 잘 생긴 사람을 업신여겨 금생에 키가 작고 볼품없는 인격자가 되었다는 교훈을 거울 삼아 모든 사람들을 공경하고 칭찬하였다.

『 시바왕 본생도 』
매에 쫓기는 비둘기를 구하고 자신의 몸을 베어 매에게 준일.

5. 아쇼카왕과 카니슈카왕의 호법

호법왕 아쇼카

우왕 아쇼카는
BC 2세기경 전 인도를 통일한 왕이다.

전다굽다의 손자이며 빔비사라왕의 아들로 태어나
아버지의 사랑을 받지 못해 성품이 거칠고 사나웠으나
덕차시라국의 반란을 진압하면서 부왕이 죽은 뒤
이모형 수사마를 죽이고
신하와 여인들을 죽여 생지옥을 만들었다.

즉위 8년 가릉카를 정복 10만명을 죽이고
15만을 포로로 잡아오면서 크게 뉘우쳐 불법에 귀의하였다.

북은 설산, 동은 벵갈, 서는 아라비아에 이르기까지
넓은 영토를 차지하여 8만 4천탑을 세우고
정법을 선포하여 만중생을 구제하였다.

즉위 17년에는 화씨성 계원사에서 제3회 결집을 단행하고
희랍 5개국에 전도승을 파견, 2년 동안 26회의 대사면을 하였다.

자리에서 물러난 뒤에는 카쉬미르에 이르러 요양하면서
자신 때문에 무고하게 죽은 여인을 위해 산치대탑을 세우고
성지순례를 다니면서
과일 한 쪽도 대중스님들과 나누어 먹었다.

불국은 착한 마음에서 싹튼다고 설법하고 있는 부처님.
라호르박물관.

『 전생의 아쇼카 』

석존이 죽림정사에 머물고 계실 때 하루는 라자그리하로 탁발을 나갔는데, 개울에서 모래를 가지고 놀고 있는 아이들을 만났다. 그 때 한 아이가 모래를 석존의 발우에 넣으면서 밀을 보시한다고 하였다. 석존은 그 아이에게 수기하기를, "그대는 후에 아쇼카 왕으로 태어나 세계대제국을 형성할 것이다" 예언하였다. - 런던 개인소장.

카니슈카왕

카니슈카왕은 쿠샨(貴霜) 왕조의 제3대로써
서기 2세기 화씨성을 공략, 안식국, 소륵, 사기 등을 점령하고
서울을 간다라 포루사 성에 정하고
카슈미르국을 건립하였다.

일찍이 호탄 왕국에 인질로 보내져
바자야왕과 키르티 왕자의 사랑을 받고 살았다.
매달 6재일을 지키며 착하게 살다보니
시르마라 공주와 결혼한 뒤 월광호를 만들어 국민들의 수재를 없애주었다.
아버지 쿠샨왕이 돌아가신 뒤 카르티 병사들의 후원으로 나라를 점령,
배화교도의 나라를 불교로 바꿨다.
마가다국에서 모셔온 마명보살에게 불소행찬을 짓게 하여
부처님의 일대기를 조각으로 정리하고 노래와 춤으로 찬양하게 하여
대승불교를 일으키니 수도 포루사에는 40길이 넘는 탑이 세워졌다.

협조자의 지시를 받고 5백 나한들과 제4결집을 원림사에서 실현하여
우바제사, 비나야, 아비달마 30만송을 편집, 돌함에 보관하였다.
부처님 열반 후 코끼리가 모시고 온 사리로 건탑하여 지금까지 잘 보존하고 있으니
그 이름이 현 파키스탄 상가르타르에 있는 대탑이다.

동전에 조각되어 있는 카니슈카왕

(1) 아쇼카왕의 돌비석

아쇼카왕은 시리아·이집트·마케도시아 역사의 기록과 세일론의 대사·도사·사만타아사디카, 북전의 아육왕전·아육왕경·디브야라다나 등에 의해 BC. 270년경(BC. 268~232)에 이 땅에 살았던 왕으로 추정하고 있다.

전설에 의하면 아쇼카왕은 젊었을 때 매우 난폭하여 많은 사람을 죽였다고 한다. 특히 왕위에 오를 때는 이종형 수사마를 죽이고 많은 신하와 여인들을 죽여 하다의 땅이 8만 4천 지옥으로 변했다고 한다. 그런데 즉위 8년경 카링가국을 정벌하여 수많은 죄없는 사람들을 죽이고 포로들을 데리고 왔는데 거기서 부모를 잃고 애통해하고, 자식과 헤어지고 부부가 이별하는 등 비참한 상태를 보고 전쟁의 죄악성을 통감하였다.

"폭력에 의한 승리는 진정한 승리가 아니고
  법에 의한 승리여야 진정한 승리를 얻을 수 있다."

그러니까 실제 불교의 귀의는 즉위 7년 경에 이르러 이루어졌으니 진짜 신자가 된 것은 2년 반 정도가 지난 즉위 10년 경으로 판단하고 있다.

왜냐하면 그는 전쟁 후 스님들과 가까이 하여 대자비의 깨달음(三菩提)을 얻었을 때가 즉위 10년 경이었고, 바로 그 해부터 성지순례를 떠났기 때문이다.

붓다가야로부터 베나레스·왕사성·사위성을 거쳐 부처님께서 탄생한 룸비니에 이르러서는 즉위 20년 경에 도착하여 세운 비석이 남아있다.

"열심히 수행하고 법의 수립과 증장을 위해 노력하였으며,
  백성들에게 하늘의 빛이 되도록 노력하겠습니다."

왕은 즉위 12년을 지나서 깨달은 법문을 선포하고 후세에 남기기 위해 돌비석에 새겼다. 지금까지 발견된 비석이 30개가 넘는다.

① 기르나르 등 7개소에서 발견된 총 14장의 법칙을 대마애 법칙이라 하고,
② 중인도 남인도에서 7군데서 발견되었는데 이것을 소마애법칙이라 한다.

그 내용은 어떻게 불교를 수행할 것인가가 중심이다.

③ 다음 바이루트에서 발견된 대소 2종의 석주에는 6~7개의 법칙이 새겨져 있고, 중인도 쪽에서 발견된 비석은 6개가 된다.
④ 또 소마애법칙은 사르나트 산치 등에서도 나왔는데, 이것은 상가분열의 훈계 등이 중심이 되어 있다.

대개 석주의 주두에는 사자나 말, 코끼리 같은 동물의 머리가 조각되어 있는데, 이것은 대개 법륜을 상징한다고 말하고 있다.

⑤ 1949년 아프카니스탄 람파카에서 아라비아 말로 기록된 비문이 발견되었고,
⑥ 1958년 아프카니스탄 람파카에서 아라비아어로 병기된 비문도 나왔다.
⑦ 그리고 1966년에는 델리시내에서도 발견되었는데, 1837년 영국인 제임스 프린셉에 의해 처음 비문이 해독되었다.

그러면 그가 주장한 법칙(法勅)이란 무엇인가.

(2) 법의 정치

아쇼카왕의 법칙은 자기를 포함한 모든 사람들이 지켜야 할 법칙을 "법"이라는 이름으로 선언하고 있다.

① 인간의 본질은 평등하다.
② 부처님의 가르침에 입각하여 모든 생명을 사랑하라,
③ 진실을 말하며,
④ 관용과 인내를 발휘하고,
⑤ 가난한 사람들을 도와 윤리적인 성실성과 자비를 베풀어야 한다.

나는 이것을 불변의 법칙으로 생각하고 자손만대에 전하고자 한다,
그리고 첫째 생명에 대한 존엄성을 다시 한 번 강조한다.

① 모든 생물의 목숨을 존중해야 한다.

② 쓸데없는 살생을 금하고,

③ 부득이한 경우라도 새끼 밴 동물이나 젖 먹고 있는 것들을 죽여서는 안된다.

④ 인간과 동물을 위한 병원을 세우고 약초를 재배하고,

⑤ 가로수를 심고 우물을 파 휴게소를 만들고 그들의 안락을 위해 활동하라.

둘째, 인간관계에 대한 윤리 도덕율을 보면,

① 부모와 스승에 대하여 유순해야 하고,

② 장자에 대한 예절이 있어야 하며,

③ 아는 사람, 바라문, 가난한 사람, 종이나 노예에 대해 올바른 대우를 해야 하고,

④ 가난한 사람에게 보시하며,

⑤ 종교인이나 노숙인을 위해 배려해야 하고,

⑥ 교계(敎誡), 즉 진리를 서로 나누어 가진다. 진리를 나누어 가지면 이 세상에서나 저 세상에서나 항상 즐겁게 살 수 있기 때문이다.

⑦ 버는 것을 조금만 소비하고 나와 남을 위해 저축하라.

⑧ 욕심을 지나치게 부리는 것은 인간이 천해지는 것이다.

⑨ 정무(政務)는 언제 어느 곳에 있어서나 백성들에 관한 일이라면 지체해서는 안된다.

⑩ 좋은 정치는 국민에 힘입은 왕의 의무이다. 왕은 일체세간의 이익을 증진시키는 것이 의무이며, 세상의 안락과 천상의 복락을 위해 자식처럼 살피는 것이다.

이로써 보면 왕의 법칙은,

① 지극한 선(善)

② 작은 번뇌

③ 애정어린 보시

④ 진심·청정한 행위

⑤ 유화·보은·견고한 신심이 주가 되어 있으며,

⑥ 광폭한 마음(狂惡)·어질지 못한 행위(不仁)·노여움·거만·시기·질투를 경계해야 한다고 하였다.

그래서 그는 이 법을 증진시키는 두 가지 법을 사용하였다.

첫째는 법의 규제요,

둘째는 법의 정관(靜觀)이다.

법의 규제란 곳곳에 써붙인 법칙이 그것이고, 그것의 실천을 위해서 26년 동안 25회나 되는 죄인들의 석방을 실천했고, 사형이 결정된 죄인에게도 3일 간의 은사를 베풀었다.

말하자면 3일 후에 죽게 된 죄인을 부모님을 뵙고 단 하루라도 효도하게 하였고 마음 속에 한을 품어 원혼귀가 되지 않게 하였다.

다음 법의 정관은 이 세상에 법을 전할 만한 가치가 있는가를 살펴 널리 대법관을 파견한 것이니, 왕 즉위 13년에 5년마다 한 번씩 국내를 순방하며 법의 교화를 폈다.

마누법전의 법은 4성계급을 인정하고 우파니사드의 법은 범아일여(梵我一如)를 구상 하였으며, 바가바드 기타에서는 자기 본무의 카르마나 요가를 인정하고 있지만 전쟁의 방지를 예고하지는 못했다.

그런데 아쇼카의 법은 불·법·승 3보 가운데 하나로써 완전한 평화·해탈을 상징하고 있으며, 자신은 죽어 없어지더라도 미래에 희망을 심어주고 있다.

따라서 아쇼카왕은 자기 종교(불교)에 충실하면서도 다른 종교를 무시하지 않았다.

아쇼카왕의 마애법칙과 석주법칙에서 다음과 같은 내용을 발견할 수 있다.

"왕은 보시와 공양을 모든 재가자 출가자에게 평등하게 베풀고, 다시 법관에 대해서 도 바라문·사명외도·자이나교도 할 것 없이 똑같이 법무장관을 임명하였다."

그 자신은 재가신자이지만 출가스님들과 똑같이 수행하였고, 불탑을 수축하여 귀의와 공양처를 만들었다. 룸비니의 석주도 마찬가지다. 나라에 바쳐야 될 세금을 면제시켜 주고 보호하도록 하였다. 이것은 바른 법이 이 세상에 오래오래 머물게 하기 위한 방법 이라고 하였다.

그리하여 여덟 개의 불탑을 헐어 전 세계에 8만 4천 탑을 세웠다. 그래서 아쇼카왕 을 "담마 아쇼카(法阿育)"즉, '법의 왕'이라 부르는 것이다.

그러나 이것으로 인해 장차 자식들과 대신들에게 배신 당해 압박을 받을 때도 있었지 만 자신에게 허용된 아마륵과 반쪽을 여러 스님들께 나누어 먹여 승가의 화합을 도모한 것은 모든 사람들이 본받아야 할 것이다.

그는 항상 비나야(계율)의 가르침을 중시했으며, 거룩한 계보를 흐트리지 않고 미래 에 대한 공포가 없이 정치를 폈다.

특히 부처님의 게송을 늘 외우면서 침묵의 행을 실천하였다. 우파팃사의 질문, 라훌라의 교계를 삶의 지표로 삶았다.

이렇게 하여 그는 화씨성에서 제수(帝修) 상좌로 하여금 제3차 결집을 단행하고 희랍 5개 국에 전법승(傳法僧)을 파견하여 인도 불교를 세계 불교로 만들었다.

아쇼카왕 석주와 장식이 없는 거대 스투파 앞에서 기도 드리는 사람들

(3) 서구 정복자들의 귀법(歸法)

아쇼카 이후
푸샤미트라 장로에 의하여 계승된 마우리아 왕조는
겨우 갠지스강 유역에 그치고
서북인도는 그리스계 여러 왕들에 의하여 지배된다.

남인도 데칸고원은 안드라 왕조가
동해안 카링카 지방은 체티 왕조가
서해안 마가다국은 세레우크스 왕조가 차지하였으나
결국 이들은 샤카족(스키타이)에 의해 망한다.

모두가 자기 종교에 충실하였으나
불교의 평등사상 때문에
메난드로스 같은 이는 나가세나 스님을 만나
무아도리를 깨닫고 서양왕으로는 최초로
천금을 보상하고 스님이 되기도 한다.

샤카 월씨족은 마침내 흉노족에게 망하였으나
인도·그리스·파르티아인들과 합중국을 이루어
새로운 문화를 형성하였다.

한편 불교는 대승불교시대로 접어들면서
많은 석굴 사원을 조성하고
다르마팔라왕 시대에는 불교대학인
나란다 대학과 비클라마실라 대학을 만들어
독특한 세계를 만들어낸다.
장차 티베트 불교와 몽골, 중국 등
동북아시아 불교가 큰 영향을 받게 된다.

『 아잔타(Ajanta) 석굴 사원 』

인도 마하라슈트라 주 북서부에 위치한 불교 동굴 사원이다. 29개의 석굴로 기원전 1세기경부터 약 1세기 동안 지어진 전기 동굴과 5세기에서 7세기에 걸쳐 지어진 후기동굴이 있다.

『 엘로라(Ellora) 유적 』

『 엘로라의 탑 』
제10굴, 7세기

마치 바위언덕이 물결치고 있는 듯 보이는 인상적인 카일라사나타 사원은 거대하고 정교하며 약 1세기에 걸쳐 완성되었다. 불교, 힌두교, 자이나교를 합쳐 34개의 석굴암이 있고 석굴암 내부에는 많은 석조(石彫)들이 있다.

『 영축산에 오르는 길 』

『 대림정사 중각강당 』

『 아쇼카왕의 석주 』

아쇼카왕이 돌아가신 뒤 마우리아 왕조는 급히 쇠약해져 B.C. 180년경 푸샤미트라 장군에 의하여 망한다.

푸장군은 세력이 미약하여 겨우 갠지스강 유역을 지배했을 뿐 서북인도는 그리스계의 여러 왕들에 의해 지배된다.

남인도 데칸고원은 안드라왕조가 B.C. 2세기부터 A.D. 3세기까지 약 400년간 번성하고, 동해안 카링카지방에서는 체티왕조가 독립하여 제3대 칼라왕조가 치세하였다.

푸샤미트라에 의해 세워진 슝가왕조는 약 112년 동안 계속되는데, 처음 바라문교를 신행할 때는 불교를 박해하였으나 불교에 귀의한 이후에는 다나부티·바치푸타왕은 바루후트 불탑 석문을 희사하고 아들 바다팔라와 왕비 나가라키타는 난순을 희사하고 그 뒤 바다팔라왕도 마투라불탑 난간을 희사하였다.

그리고 서해안에서 마가다국으로 직통하는 공도(바르후트) 옆에 있던 산치대탑도 그 때(안드라 왕조) 조영되었다.

산치대탑은 우리 불교 조탑(造塔) 사상 가운데 특기할 만한 역사를 가지고 있다. 그 조영 예술과 조각 기술은 말할 것도 없지만 자신의 무지한 소행을 크게 뉘우친 참회의 불사였기 때문이다. 아쇼카왕이 남인도로 전쟁 가다가 길가에서 물동이를 이고 지나가는 여인을 보고 잡아오게 하였다. 하룻저녁을 자고 거울 하나와 반지 하나를 나누어 주었다. 그런데 공교롭게도 그 여인은 아이를 갖자 나라의 승인없이 보통 사람이 국왕의 아이를 가지게 되면 9족을 멸하게 되어 있었으므로 여인의 부모들은 딸을 집 밖으로 내쫓았다. 거지가 되어 돌아다니던 딸은 마침내 산치 마을에 이르러 아이를 낳고 길렀는데 씨가 좋아서 그런지 아이가 힘이 세고 용감하며 밖에 나가기만 하면 동네 아이들을 모두 때려 눕혔다.

"애비도 없는 것이 힘만 세 가지고-."

사람들이 핀잔하는 소리를 듣고 아이가 아버지를 찾자 어머니는 소문을 듣고 말했다.

"들건데 아버지께서 케스미르에 이르러 휴양하고 계신다 하니 가보렴. 나는 네가 올 때까지 4년 동안만 기다리겠다."

그러나 임금님은 쉽게 만날 수 없었다. 4년 동안 별장 밖을 청소하고 4년 동안 궁중의 정원사가 되어 나무를 가꾸다가 아버지를 만나 함께 산치에 이르니 어머니는 이미 돌아가시고 앙상한 뼈만 남아 있었다.

아쇼카왕은 매우 슬퍼하며 그 영혼의 정신을 기리기 위하여 부처님의 사리를 모시고 그 여인의 탑을 세웠으니 이것이 저 유명한 산치탑이다.

지금도 이 탑의 북쪽에는 날마다 북쪽을 바라보며 아들을 기다리던 어머니 상이 그려져 있다.

이렇게 슝가 왕조가 8대에 의하여 계승되다가 제9대 데바부티 때 대신 바수데바에 의해 칸바 왕조로 바뀌어 4대 약 45년간 지속하다가 남방 안드라왕조에 의해 멸망한다. 마우리아 왕조가 쇠퇴하자 BC. 180년경 그리스계의 이오니아 사람들이 찾아들었다. 옛날 그리스의 알렉산더 대왕이 침입한 바 있었기 때문이다.

1) 메난드로스왕

사실상 인도의 서방지역은 세레우크스왕조가 차지하여 파타리푸트라에 대사(메가스테네스)를 파견하여 찬드라굽타왕의 궁전에 11년 동안 있으면서 최초의 인도견문기를 쓴 일이 있다.

세레우코스왕은 박트리아지방과 파르티아지방을 독립시켰고, 그 시대 시리아왕 안티오코스 3세 데메트리오스 4세가 중인도까지 진격하였다.

그러나 BC. 1세기에 이르러 사카(塞伽族 : 스키타이족)의 마우에스왕이 인도에까지 침입했는데 그때 불교에 귀의한 왕이 메난드로스로 나가세나와 문답하여 미린다왕문경(나선비구경)을 만들어내기도 하였다.

서북인도는 아쇼카시대 맛잔티카(摩闡提)를 보내 불교를 전법하였지만 실제 서양의 왕이 인도에 와서 스님이 된 것은 처음 있는 일이었다.

어떻든 이 지역(캐시미르, 간다라)에서 마명·무착·천친이 나타나서 설일체유부가 성행하고 있었다. 이렇게 탁카실라 성에서 다르마지카탑이 발굴되고, 그리스지방장관 데오도로스가 부처님 사리용기를 만들어 봉헌하였다는 사실이 사리용기에 의해 밝혀졌다.

물론 아쇼카시대 아파잔타에 파견한 전도사 담마락키타도 그리스인이었다. 그들은 인도에 와서 바라문교가 카스트 제도를 통해 외국인을 야만인 취급하는 마누법전을 좋아하지 않았고, 부처님의 평등 자유주의 사상을 좋아했기 때문이다. 이것이 서양인 뿐 아니라 샤카인, 파르티아인, 쿠샤나족이 불교를 선택한 이유이다.

메난드로스왕이 나가세나 스님과 주고받았던 미린다왕문경을 보면 다음과 같다.

미린다왕은 일찍이 서양문화를 습득한 지식인이었다. 인도에 와서 보니 불교가 매우 성행하였지만 그들의 행세를 보고 매우 비열하게 여겨 한 스님을 보고 물었다.

"어찌하여 출가하였습니까?"

"생사를 초월하기 위하여 출가하였습니다."

"생사의 초월은 출가인에게만 허락된 것입니까?"

"아닙니다. 누구나 깨달으면 성취할 수 있습니다."

"그렇다면 성자께서는 어찌하여 처자권속을 버리고 출가하였습니까?"

"……"

답변을 못하자

"인도에는 쑥대들만 꽉 차 있구나. 만일 나를 이기는 자가 있으면 천금을 주고 나는 그의 제자가 되겠노라."

그리하여 나가세나 스님이 선택되었다.

"그대의 이름은 무엇입니까?"

"우리 아버지께서 나가세나라 이름지어 주었으나 그 이름 속에는 내가 들어있지 않습니다."

"그렇다면 어느 곳에 당신이 있다는 말이요?"

"임금님께서는 무엇을 타고 여기 오셨습니까?"

"수레를 타고 왔습니다."

"수레는 굴레, 바퀴, 채양 등에 의하여 말이 끄는 물건이지만 이것을 낱낱이 떼어 놓으면 수레는 없어집니다. 마찬가지로 당신과 나는 지·수·화·풍 4대가 모여 그 위에 눈·귀·코·혀·몸이 만들어져 빛·소리·냄새·맛·감촉을 느끼고 여러 가지 의식으로 갖가지 사상을 만들어 분별시비하고 있으나 그 정신이라는 것도 감수작용·상상작용·행위작용·분별작용을 각각 떼어놓고 보면 모두가 공한 것입니다."

미린다 왕은 그 자리에서 불교의 공도리를 깨닫고 칭찬하였다.

"참으로 희한한 일입니다. 나는 이 수레를 통해서 스님의 황금같은 말씀을 듣게 되었으니 이제 황금 천 냥을 드리고 제 임기가 끝나면 출가하여 스님 제자가 되겠습니다."

그리하여 그는 62세에 출가하여 서양의 왕으로서는 최초로 출가 비구가 되었다 한다.

2) 월씨족들의 신불(信佛)

샤카족을 중국에서는 월지족(月支族)으로 번역하고 있는데, 그들은 BC. 180년경부터 그리스의 박트리아 왕국을 멸망시키고 오크사스강·인더스강 중간의 북아프카니스탄 지방을 차지하고 살았다.

그러나 다시 흉노가 대월씨국을 서쪽으로 쫓아냈기 때문에 월씨족은 박트리아 지방을 정복하고 초대왕 마우에스는 마투라 지방을 정복하여 왕중왕이 되었으나 정복 도중 죽고 만다.

여기서 샤카족은 크샤트라파와 마하크샤트라파로 나누어졌는데, 크샤트라파가 북인도를 정복하고 쿠수루카왕과 그의 아들 파티카가 마투라 등을 다스리며 불교를 독신하였고 불탑을 세우고 승가람을 지은 것을 사자주두명문(獅子柱頭銘文)을 통해 알 수 있다.

또 마하크샤트라파의 라쥴라 왕비가 아냐시아 친족들과 함께 사리탑을 세우고 승가람을 지어 4방승들께 시주하고 그의 아들 슈다사가 토지를 석굴사원에 희사한 사실이 붓다데바(覺天)비구와 나기라의 부딜라 기록에 의하여 나타나고 있다.

파르티아는 속바다(裏海) 동쪽에 있었는데, BC. 3세기 경에는 아리사케스가 시리아에 반기를 들어 안식국(安息國)을 만든 곳으로 그 왕이 바로 아제스왕이며, 곤도파레네스가 계승하여 1세기 후반까지 서북 인도를 지배하였다.

이것은 중국에 불교를 전한 안식국 출신 안세고·안현·담제(曇諦) 등으로 보아도 알 수 있다.

쿠샤나는 중국에서는 대월씨국(大月氏國)으로 번역된다. 그들은 원래 중앙아시아 돈황과 기연 사이에 있었는데, 흉노에 밀려 BC. 2세기경 서쪽으로 이동해가 위수(嬀水) 북쪽에 자리잡게 된 것이다.

거기서 다시 대하(大夏)를 물리치고 BC. 129년 박트리아 고지로 이동하였다.

그들에게는 원래 다섯 명의 부족장이 있었다. 그 중에 쿠샤나(貴霜)가 가장 강해 4부족을 통일, 급속히 세력을 확장해갔다. 마침내 쿠쿨라 카드피세스(返部) 시대에 이르러 파르티아까지 정복하고 다시 인도를 침입, 1세기경에는 위캄 카드피세스(閻育珍)를 거쳐 카니슈카왕에 이른다.

　그러나 그는 위캄 카드피세스하고는 왕계가 달라 2세기 전반에는 쿠샤나왕국의 왕권을 장악하고 중앙아시아에서 아프카니스탄, 그리고 서북인도와 북인도에 걸친 대제국을 건설한다.

　사실 월지족 즉 샤카족은 B.C. 7세기부터 3세기까지 흑해 북쪽 초원지대에서 생활한 기마민족으로써 조선족(朝鮮族)이라고도 하고, 조용한 아침에 순록을 맨 스키를 타고 푸른 초원을 찾아 먹이를 구했기 때문에 통칭 스키타이족이라 불렀다.

　B.C. 8~7세기경에는 카메리아인들을 내쫓고 남러시아 초원 일대에 초강대국을 형성하였으므로 그리스인들은 스키타이족이라 부르고 페르시아인들은 샤카족이라 불렀다. 지금도 크림반도, 드네프르강, 돈강 하류, 흑해 북부, 다브뉴강 서남부, 동 카프카스산 일대와 소아시아에서 그들의 유적들이 발굴되고 있는데 아키나케스형의 칼, 세날촉, 도끼, 투창, 화살콩, 재갈 등 마구, 동물 무늬의 장식품들이 나왔다. 흑해 북쪽에 있는 그리스의 식민지에서 가축, 곡물, 모피, 노예, 도기, 직물, 금속제품, 기름 등을 교환하여 큰 부를 형성하였고 부자 귀족들은 여자, 노예, 말 같은 것들을 순장하였으며 그들의 묘지에서 금·은·동 제품과 청동솥, 납작한 질그릇, 갈아만든 질그릇 등이 나와 석기 청동기 시대 크게 활약하였음을 알 수 있다.

　그들의 미술품에는 맹수, 괴수 등 동물들이 싸우는 형상이 두드러지게 나타나고 있어 우리 한국의 신라, 백제의 분묘에도 영향을 주었음을 미루어 알 수 있다.

3) 카니슈카 왕족들의 불사

　이 나라에는 인도·그리스·샤카·파르티아 등 수많은 이민족들이 합중국을 이루고 있어 중국과 로마 인도가 합해진 새로운 문화를 형성하고 있었다.

　불교는 설일체부등의 소승불교가 아니라 그리스문화와 그레코 로마문화의 영향을 받은 대승불교가 싹트게 되었으니, 이것이 이른바 간다라예술이다. 불사건축은 코린트식 주두(柱頭)와 건축 각소에 입혀진 장식문양이 그리스 영향이 현저하게 나타나고, 그것이 서역·중국·한국·일본 등으로 이전하여 일본 법륭사 건축의 주칙이 된다.

불상은 그리스풍의 용모·복장(衣褶)도 가미되었다. 중인도 마투라 불상과 같이 AD. 1세기경으로 추정하고 있다. 처음 불상은 불전도(佛傳圖)에 나타난 바루후나·산치 등의 불탑 양식으로 나타나다가 차차 보리수·연꽃·불족이 인간의 모습으로 나타나 마침내는 단독 불상으로 발전하게 된다.

그런데 이것이 장차 불전도 사상과 결합하여 불전문학과 불탑신앙으로 크게 유행한다.

그들은 아직 대승불교의 보살사상으로까지는 크게 번지지 않고 설일체유부에 그쳐 있으니 서기 77년(134) 아제스와 칼라안유적지(伽藍址)에서 발견된 비문이나 페샤와르 카니슈카사 대탑지(샤흐지 키데흐)에서 발견된 사리병, 그리고 페샤와르 쿠람에서 발견된 소동탑(小銅塔) 비문으로 알 수 있다.

이 외에도 북인도 급수소(給水所)에서 만들어진 비문(光音部)에 보시한 병표(柄杓)·음광부·다문부에 보시한 도제(陶製)항아리, 그리스 지방장관들이 불사리 봉안에 동참하고 샤카족태수 파티카, 타키실라의 크세마, 이외에도 베그람 도성지, 비마람 제탑지, 핫다 손토라크의 유적, 그리스 서방에 있는 바미얀 석굴 속의 거대한 불상과 벽화, 카불 석쪽에 있는 와그다크 바르가마레가사에서 발견된 청동유리 사리병의 명기(銘記)를 보면 알 수 있다.

어떻든 카니슈카 왕은 설일체유부의 교단을 지지하고 있었다. 그가 중인도를 정복한 뒤 그 대가로 부처님의 발우와 자심계(慈心鷄), 그리고 마명대사(Aśvathosa)를 요구했는데 그때 마명이 북인도에 와서 협존자(脇尊者)와 함께 카시미르에 있는 500명의 비구들과 대비바사론 200권을 제작, 제4 결집을 마쳤다.

카니슈카왕이 죽은 뒤 바시시키·후비시카·바수데바등이 왕위를 계승하지만 왕조는 점차 세력을 상실하고 있었다. 그러나 불교는 크샤트리아파의 슈다사가 세운 구하사, 쿠사나왕조 후비시카왕에 의해 카니슈카 47년 마투라교외 지말푸르에 건립된 후비시카사는 참으로 거국적인 것이었다. 이 외에도 중부에 6개의 사원이 있었고 설일체부 2, 정량부 1, 법장부 1 등이 있었던 사실이 비문에 나오는데 법현과 현장의 여행기에도 적혀 있다.

그 이후로 인도는 안드라왕조의 제2기에 들어가 전기의 사타바하나 왕가에 이어 약 460년간 30인의 왕에 의해 지속되는데 많은 굴원(屈院)을 건립하여 불출세(不出世)의

문화재를 창출해 내고 있다.

카니슈카왕은 원래 조로아스타교 신자였는데 그 종교는 사람이 죽은 뒤 천국과 지옥으로 가는 문제를 심판만 할뿐 인간에게 자비를 베푸는 일이 없었다. 그래서 그들이 믿는 빛의 신을 무량수 무량광의 극락세계 아미타불로 상징화하고 물의 신 아나히타를 관세음보살, 태양신 미트라를 대세지보살로 형상화하였다.

그리고 서양인(로마) 사람들은 포도주를 중국으로 수출하였는데, 중국 사람들은 그것을 마시고 거기 불로장수의 약을 담아 페르시아에 팔아 왔으므로 동방에는 병고치는 부처님이 계신다 하여 동방만월세계 약사유리광불 신앙이 싹트게 되었다.

인도사람들은 고행과 정진의 결과로 부처가 되었다 보는데, 이곳 사람들은 전생의 선업을 쌓아 부처가 되었다 하여 본생 불사의 자타카를 형성하고 다시 그것을 조각하여 간다라미술을 만들게 된 것이다.

간다라미술은 세계 그 유래를 찾아볼 수 없을 정도로 많은 종류가 나와 영국·프랑스독일·소련·미국·일본 등 여러 나라에 수입되어 박물관의 일부를 꽉 메우고 있다.

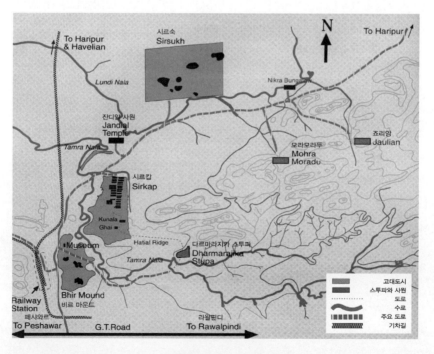

탁실라 고고학 지도

(4) 안드라왕과 석굴사원

안드라 왕조는 크게 2기로 나눈다.

전기는 사타바하나 왕가가 데칸 반도에 군림한 시대이며, 후기는 샤타바하나 왕가가 쇠퇴하고 제1왕이 활거하던 시기이다. 연대로 보면 BC. 2세기 경부터 AD. 3세기까지이니 근 500년 동안 활약했던 왕조이다.

원래 이들은 데칸 서원 파이탄을 중심으로 북으로는 나시크 아콜라 등에서 발원하여 전성기에는 중인도와 국경을 접하고 빈댜산맥의 남쪽으로 흐르는 나르마다강 남북에까지 미쳤다. 수도는 동해안 크리슈나강 연안 다이아카타카에 있었다.

후기에는 동부의 고다 바리강 하류에 살던 이크슈바쿠왕가가 30여 개의 부족국가를 통일하여 굽타왕조를 형성한다.

인도에는 전래로 약 1200개가 넘는 석굴사원이 있는데 그중 75퍼센트가 불교석굴이다. 오래된 것은 BC. 2세기~1세기에 개착되었다. 고원 자체가 바위산으로 되어 나무가 자랄 수 없으므로 천생 굴 사원을 만들 수밖에 없었다. 이들 굴들은 아잔타·비자·사시크·카르리·엘로라에 있는데, 예배당으로 쓴 것도 있고, 스님들이 거처하는 방으로 쓴 것도 있다.

어떤 곳에는 기다란 불탑을 만들어 챠이타이당(制多堂 塔院)으로 한 것도 있고, 어떤 것은 2, 3층에 10개 내지 100여 개의 방이 만들어져 있는 것도 있다. 가운데 큰방을 만들어 대중이 모여 포살할 수 있게 하였고, 갖가지 조각을 하여 챠이타이를 아름답게 장식하기도 하였다.

봄베이 근처에 있는 나시크의 23굴 중 14굴은 칸하왕의 대관들이 만들고 13굴은 담비카촌 사람들이 기증한 것으로 되어 있다.

바라문교도 똑같이 신행하였으므로 바라문·자이나교 사원도 있는데, 크샤하라타가의 크샤트라파는 제8굴, 제9굴을 희사하고 운영할 전지를 바쳤다는 기록이 적혀있는 비문이 그 속에 써져 있다. 그런데 제3굴에는 고타미푸트라·슈리·샤타카루니왕이 크샤아라타족을 완전히 소탕하고 샤카족 그리스인·파흐라바족을 멸망시켜 광대한 지역을 장악했다는 기록도 남겨놓고 있다.

또 고타미푸트라 모후가 현주부(賢胄部) 스님들께 토기와 굴원을 기증했다고 제3굴에 적혀있고, 슈리·푸루마이왕은 고타미푸트라왕의 직접 후계자였다고도 기록되어 있다. 그리고 제6굴과 10·15굴은 4방승들이 이용하였던 것 같다. 단지 제17굴만 대승절이었음을 알 수 있다.

현주부굴은 봄베이 부근 칸헤리에도 있는데 여기에는 109개의 굴이 있다. 이중 70굴이 현주부에 보시되었으며, 12·48·77·81굴은 4방 승가굴로 쓰여졌다.

봄베이 남쪽 카르리굴도 BC. 1세기에 건립된 것인데 높이가 13~87m에 달하고, 굴속은 37~87m까지 되는 것도 있다. 그 가운데는 11개의 기둥이 있는 큰 방도 있는데, 법상부 풍송자(諷誦者) 스와티미트라가 사리를 넣어두는 기둥을 시주하고, 그리스인들이 9개의 기둥을 시주한 것이라 하였다.

또 샤카족은 이 굴의 유지를 위해 칼라쟈카 마을을 기증한 사실도 기록되어 있으나 나중에는 대중부 스님들이 살기도 하였다. 제다굴 북쪽에는 9개의 방을 갖춘 회당이 있는데 이것은 슈리·푸루마이왕이 보시한 것이다.

카르리 부근 바자굴이 있는데 제17굴에 기증자의 이름에 네 개 기록되어 있다. 나머지 네 개에는 작은 탑들이 있는데 이것은 장로들의 유골탑인 것 같다. 왜냐하면 낱낱이 장로들의 이름이 적혀 있기 때문이다.

준나르 푸라 북방 77㎞ 도시로써 부근에 다섯 군데 굴원이 있는데, 그 숫자가 대소간에 약 150개에 이른다. 1세기부터 300년 동안 개착한 사실이 30개의 비문에 기록되어 있는데, 제51굴에는 물탱크·굴원·망고나무·토지 등을 시주한 내력이 적혀있다. 제51굴은 이곳 주민·장자·수령이 기증하고, 그리스인 3명 사카인 1명 그외 사카족왕 마하크샤트리파 우사 바라타의 장인 나하파나 대신이 회당을 기증하였다고 기록하고 있다.

또 준나르 비문에는 법상부 비구니들에게 굴과 물탱크를 기증한 사실이 기록되어 있는데, 비구니들이 산 속에 산 사실은 유일한 사건이다.

아잔타에는 28굴이 있는데, 그중 9·10은 탑원이고, 12·13은 승원이며, 전자는 푸루마이왕 친족이, 후자는 산신이 기증하였다고 적고 있다.

아잔타 부근의 엘로라에도 34굴이 있는데, 1부터 12굴까지는 불교 굴이고, 13, 29

굴은 힌두교, 최후 5굴은 자이나교에 속한다.

　데칸의 동부지방 아마라바티 나가르쥬나콘다에는 50m가 넘는 큰 탑이 있었으나 신도시를 건설하면서 필요한 석재를 탑에서 썼으므로 거의 파괴되고 없어졌던 것을 대영박물관이나 마드라스 캘커타 박물관 등에 나누어 소장하고 있으니 그나마 다행이다. 11종의 비문과 160종이 넘는 유물 가운데는 샤카바하나왕가의 푸루마이왕 치세 때 푸리장자의 형제들이 제다산부의 대탑을 만들어 기증하였는데, 재가자 가운데는 가주(家主)비구·비구니, 신남·신녀들의 시주자 명단이 많이 새겨져 있다.

　밧티푸로루 간타샬라에서도 동 산주부 서 산주부에 기증한 대사(大寺)의 탑들이 있었고, 키스트나강 중류 남안에 이크슈바쿠왕가의 수도였던 나가르주나 콘다에 대승불교의 용수보살과 관계있는 붕괴된 탑과 승원·사당·소탑 등 폐허지에 56개의 비문이 남아있다. 왕비 마하타라바리 차티시리가 대탑의 기둥을 시주하고, 또 거기에는 스리랑카의 세일론사와 다문부·화지부 등의 사찰과 탑이 있다.

　이로써 보면 이 시대의 불법은 대부분 대승불교 이전 부파불교시대에 만들어진 것이었다. 그러나 지루가참의 도행반야경·반주삼매경·능인삼매경·순진다라니·아사세왕·아촉불국경 등을 보면 서기 전부터 대승불교가 싹이 터 부처님의 대각정신이 새삼스럽게 자라고 있었다는 것을 알 수 있다.

중앙 아시아 일대에 있던 사원들과 평면도

죠리앙 스투파

죠리앙 사원

비르 마운드 유적

다르마라지카 승원과 스투파

다르마라지카 스투파

죠리앙 승원

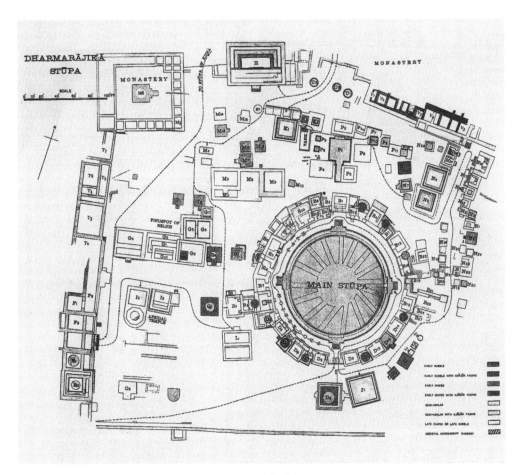

다르마라지카 평면도

(5) 굽다왕조와 나란다대학

인도의 나란다대학은 세계에서 가장 오래된 불교대학이다. 카니슈카왕 이후 북·중부 인도를 장악한 굽다왕조는 불교를 독신하여 바라문교와 함께 크게 보호하였는데, 전다라굽다왕의 제2세 월호왕(月護王)은 카카나다보다사에 장원을 보시하고 동호왕은 그의 각문 위에 부처님의 좌상을 새겨 모셨다.

특히 동호왕의 모후는 왕비와 함께 불교를 독신하였고, 그 위에 나타난 왕 이름은 "붓다굽다(佛陀堀多 : 覺護)"라 하였으니 가히 그 신심을 이해할 수 있다.

나란타사 옆에는 옛날 큰 용왕이 살던 못이 있는데 전생에 부처님이 그곳에 왕으로 태어나 시주하기를 싫어하지 아니하였으므로 시무염사(施無厭寺)란 절을 짓고 어려운 백성들을 보살피게 되었다 한다.

이곳은 바로 국제적인 무역항으로 특히 동남아 일대 사람들이 많이 왔는데, 한번은 500상선이 와서 10억금을 시주하였으므로 부처님은 이곳에서 3개월 동안 설법하였다.

부처님 입멸 후 샤크리티야(爍伽羅阿逸多)라는 임금이 나타나 삼보를 외경하고 절을 지어 나란타사라 하였는데, 그 뒤를 계승한 붓다굽다왕과 파가타굽다왕, 발라디타야왕이 동남 동북에 절을 지어 인도에서는 제일 큰 절이 되었다 한다. 장차 이 절이 세계적인 교육도량이 되었다.

의정스님의 구법고승전에 보면 중국 태주선장인 현조법사가 이곳에 이르러 승광법사에게 중론·백론을 배우고 요가 70지론을 보사대덕에게 배웠다 하였고. 재주(齋州)사람 도희법사 등이 이 절에서 계율과 성명학 언어문자를 익혀 깊은 학문을 이루었다 하였다.

신라스님으로서는 아리발마와 혜법사·현태·현각 등 여러 사람이 이곳에 있으면서 섭론(攝論)과 반야경 등을 공부하는 것을 보았다고 하였으니 진실로 놀라운 일이다.

한반도에서 중국까지 여행하는 것도 쉽지 않는데 중국에서 다시 실크로드를 거쳐 천신만고 끝에 인도에 이르러 싼스크리트 팔리어 등의 언어를 익히고, 불교 3장을 공부하였다 하니 우리 조상들의 열성어린 구도정신에 고개 숙이지 아니할 수 없다.

8세기 굽다왕조의 몰락과 함께 기울어가던 학교가 13세기 초 아프가니스탄 고르장군 무하마드가 침공하여 아주 파괴되었는데 이슬람군의 방화로 6개월 동안 화염에 싸였다 한다. 그런데 최근 인도 정부의 후원과 비하르주 정부, 중국, 일본, 한국, 싱가포르, 태국 등의 재정 지원으로 800년 만에 다시 학생들을 모집하여 2020년 완공을 목표로 막바지 공사에 들어갔다. 2014년 9월 15명의 학생과 10명의 교수가 첫 학술 세션을 시작, 타샤카트 호텔 객실에서 묵으면서 바하르주 정부 컨벤션홀에서 수업하고 있다.

이 학교가 한창 번성할 때는 전 세계에서 1만명 이상의 학생들이 모여 2천명 이상의 교수들에 의해서 종교·철학·과학을 가르쳤다. 2011년 노벨경제학상을 받은 아마르티아 박사에 의해 발기되어 고파 사브로월 부촌장이 세계 500개 대학과 교유협정을 맺고 1천명 이상의 지원자 속에서 15명을 선정하여 교수하고 있다고 하니 장차 기대된다.

나란다대학

(6) 인도 밀교와 팔라왕조

다르마팔라왕(783~820)은 인도 마지막 불교에 금자탑을 이루었던 밀교의 보호자였다.

비하르주에 비클라마실라 대학을 8세기경에 창립하여 1200년 이슬람군이 올 때까지 체계 있게 운영하였던 남인도 아마라바티 사원도 사타바하나 왕조를 계승하여 크게 보호하였다.

아마라바티 사원은 BC. 2세기 전부터 3세기까지 사타바하나 왕조에 의하여 세워져 팔라바왕조, 굽타왕조를 거쳐 11세기 텔루구 왕조에 이르기까지 남인도 안드라주를 대표하는 밀교사원이었다.

현재는 거대한 수트파 기단만 남아있지만 그의 탑벽 장식들이 여러 박물관(첸나·캘커타·런던)에 보관되어 있어 특히 부처님 일대를 살피는데 좋은 자료가 되고 있다.

14세기 스리랑카 불자들이 다소 보수하였으며, 2006년 이후 달라이라마가 전통적으로 계승해 온 시륜파(呫淪派) 입문식을 해 줄 때는 수천만명이 모여 대성황을 이뤘다.

인도 데칸 고원 동쪽에 위치한 아마라바티는 BC. 2세기경에 지어져 인도 미술의 요람이 되었는데 현재 남아있는 큰 탑 기단에는 역대 임금님들의 이름이 적혀 있어 얼마나 유명했던가를 알 수 있다. 640년 현장법사도 이곳에 와서 얼마동안 머물며 아비달마 불교를 공부하였다고 기록하고 있다.

팔라왕조 기간에 설치된 비클라마실라 대학은 나란다 대학과 함께 불교 학문 발전의 요람으로 가장 중요한 대학이다. 이 대학은 다르마팔라왕(783~820)에 의하여 창설되었는데, 왕이 이미 창설되어 오랫동안 그 명성을 누려오던 나란다 대학에서 멀지 않은 곳에 다시 나란다 대학에 버금가는 대학을 세운 것은 당시 나란다 대학이 학문적인 면에서 사양기에 들어갔기 때문에 이를 만회하기 위해서였다고 한다. 비클라마실라 대학의 명성을 후세에 전하는 사람들은 이 대학의 총장 가운데 가장 명성이 높았던 아티사 스님을 꼽는다. 티베트로 건너가 밀교를 전한 학자이기 때문이다.

팔라왕조 때에는 벵갈지방과 마가다 지방에 여러 승원들을 건설하였다. 티베트 기록에 의하면 인도에 다섯 승원이 있었는데, 그 가운데 나란다 대학과 비클라마실라 대학이 제일이었다고 한다.

당시 설립된 다섯 승원은 국가의 감독 하에 운영되었는데, 이 다섯 대학의 학인들은 자유롭게 여러 대학으로 옮겨 다니면서 유명한 교수 스님의 강의를 들을 수 있었다고 한다. 비클라마실라 대학의 역사는 17세기에 살았던 티베트 타라나타 스님에 의하여 비교적 자세하게 전해오고 있다.

당시 인도에서 가장 큰 학문의 요람지 가운데 하나였던 이 대학의 융성기에는 100명이 넘는 유명한 교수와 외국에서 초청한 많은 학자들이 교육을 담당하고 있었다. 외국 학자들의 초청목적은 불교의 학문과 문화 그리고 종교를 다른 나라에 전파하기 위한 시도에서였다. 그 가운데서도 가장 뚜렷하게 두각을 나타낸 분이 티베트 밀교의 사르마 전통을 세운 아티사 디팡카 스님이다. 이 스님은 철학, 문법, 형이상학, 인도 논리학 등 여러 분야를 교수하였는데, 그 가운데에서도 가장 중요한 학문은 탄트리즘이라 할 수 있다.

역사학자인 수크마 돗트에 의하면 비클라마실라 대학은 다른 대학에 비하여 뚜렷하게 지휘계통이 확립된 교육기관이었다고 한다.

승원장(총장)을 시작으로 여섯 교수가 대학의 여섯 입구에서 학생의 입시 시험을 담당하였는데, 동문, 서문, 제일 중앙문, 제이 중앙문, 북문, 그리고 남문 등이다. 또한 108명에 달하는 학자 교수와 강사를 포함해서 총 160여명이 교수를 담당하였다.

승원에는 약 천 명에 달하는 비구 스님들이 상주하였고, 대학이 가장 융성해진 955~983년에 북문에서 입학시험을 담당했던 나로파 스님(956~1041)을 비롯한 여섯 문에서 입학시험을 담당했던 학자들의 이름이 오늘날까지도 전해지고 있다.

대학은 교수들로 구성된 학교운영위원회에 의해서 이끌어갔는데, 이 운영위원회는 다시 소위원회로 나누어졌다. 소위언회는 교육분과, 계율분과, 입학분과, 행정분과 등이다.

비클라마실라 대학은 금강승(밀교)와 탄트리즘 교리 발전의 요람지였다. 팔라왕 당시 세 분의 금강승 학자가 교수로서 재직하고 있었는데, 이 분들의 저술은 티베트 몽골 밀교 교리 발전에 큰 영향을 미쳤다. 뿐만 아니라 인도 밀교의 성왕은 장차 중국, 한국, 일본에 크게 영향을 준다.

부처님의 깨달음을 기념하기 위하여 조성된 정각탑.
붓다가야

미얀마 아난다 사원의 첨탑
파간에 있는 높이 53m의 이 첨탑은 1091년 찬스잇타 왕이 세운 것으로 기독교, 천주교 첨탑의 원조격이다.

방문단을 환영하는 스님들. 마하시수도원

미얀마 밍군스님의 상(像)

사방불(동서남북의 각각 한 부처님들이 4계절의 옷을 입고
자·비·희 사상을 실천하고 있다.

누구나 할 수 있는 명상법을 개발하여 세계적인 선풍
(旋風)을 일으킨 마하시 스님

태국의 왕궁 사찰 『 타시초종 (Tashicho Dzong) 사원 』

태국 에메랄드 사원의 주불

부처님께 꽃 공양을 드리는 태국의 신도들

캄보디아 『 앙코르 와트 사원 』

왕궁 사찰에 모신 황금 불상

시아누크공이 국사 텝봉스님을 뵙고 있다.

129

『 캄보디아 관세음보살 』

『 인도네시아 보로부두르 사원 』

불교 최초의 사찰『죽림정사』

녹야원의 전설을 본생화한 것

인도 가야 스자타 여인의 모습

제2편 스리랑카의 제왕 불교

동양의 진주 싱할라, 세일론은
서양 사람들이 부른 스리랑카의 별명이다.

부처님께서 살아서
세 번 다녀가셨다는 전설이 있고
마힌다 스님이 마시카산에서 사냥 나온
티사왕을 교화하여 처음 불교가 도입되고

그후 힌두교 타밀인들과 불교신도 타밀인들의 불화를
두타가마니왕이 화해시켰으나
독자부와 방광부가 충돌하여
무외산사파와 대사파로 나누어졌다.

메가반나왕이 불치사(佛齒寺)를 짓고
대대적인 행사를 함으로써 금강지불교가 성행하였다.
뒤에 미얀마, 태국으로부터 근본불교를 재수입함으로써
근본불교의 도량으로써 그 면모를 살려가고 있다.

1. 전설적인 불교

스리랑카는 '동양의 진주', '보석의 나라'로 일찍부터 서양 사람들에게 알려졌다. 일반적으로는 '싱할라', '세일론'으로 불리워졌는데 부처님께서 성도 후 세 번이나 다녀왔다는 전설이 있다.

부처님께서 성도하시고 5비구를 제도한 뒤 3가섭을 제도코자 가야에 들어갔으나 아직 때가 되지 않아 3개월 동안 기다리는 사이 세 번이나 탁발을 다녀오셨다고 한다. 배도 없고 비행기도 없는 시절이라 신통력으로 가서 아마륵 과일과 여러 가지 맛있는 음식을 가져와 잡수셨다고 하였다.

이것은 어디까지나 전설이지만 그래도 스리랑카 사람들은 켈러니아에서 설법하셨다고 하며 그곳에 사원을 세우고 부처님께서 앉으셨다는 자리에 탑을 건설한 뒤 그 속에 황금의자를 만들어놓고 참배하고 있다. 그러나 사가들에 의하면 스리랑카 불교는 불면후 265년(BC. 265) 아쇼카왕의 아들 마힌다 장로가 처음 불법을 전한 것으로 기록하고 있다.

2. 마힌다 장군과 데바냥의 티사왕

마힌다 스님은 네 명의 비구와 사미인 수마나를 데리고 스리랑카로 건너가 당시 수도였던 아누라다푸라에서 12㎞ 떨어진 마시카산에 머물고 있었는데 마침 사냥 나온 국왕 데바냥티야티사를 만나 설법교화 하였다.

"어디서 왔습니까?"
"인도에서 온 출가사문입니다."
"불법은 무엇하는 것입니까?"
"자유와 평화를 실천하는 것입니다."

임금님은 즉시 활과 살을 놓고 예배드렸다. 그리고 그 스님이 전 인도를 통일한 아쇼카 왕의 아들이라는 것을 알고 더욱 공경하는 마음으로 전도의 길에 장애가 없도록 편의를 제공해 주었다. 그리고 대정사 "티샤아라마"를 지어 바쳤다.

이 절이 장차 "마하 비하라"라 불려져 상좌부 불교의 근거지가 된다.

마힌다와 같이 온 사미 수마나는 신통력을 가지고 있었으므로 인도로 다시 보내 부처님 사리와 발우를 가져오게 하여 아마탑을 건립하였다.

또 비구니 상카미타는 마힌다의 친동생으로 오빠가 스리랑카에서 불법을 펴고 있다는 소식을 듣고 붓다가야에 있는 보리수 나무를 분재하여 아누라다푸라의 마하보디 사원에 옮겨 심었는데 이 나무는 지금도 살아 부처님의 상징으로 존경을 받고 있다.

32세에 스리랑카에 건너와 불법을 편 마힌다 장로는 80세에 열반에 들었으나 국왕과 귀족의 귀의를 받고 불교의 뿌리를 튼튼하게 심어 오늘날까지 불교가 융성하고 있다.

3. 두타가마니 왕의 성전

티사왕에 의해 불교를 도입한 스리랑카는 100년뒤 세계에서 유례없는 성전(聖戰)을 경험하게 된다.

힌두교(당시는 바라문교)를 신봉하는 타밀인들이 불교를 믿는 싱할인들을 지배하려 하자 두타가마니 왕(BC. 137~161)이 출현하여 이를 화해시켜 두 세력의 분쟁을 평정하였다.

국왕이 불교도가 되어 불교를 보호한 일은 있어도 전쟁까지 해가면서 불교를 지킨 경우는 처음 있는 일이다. 그러나 두타가마니 왕이 죽고 나니 정국은 다시 혼미해졌다.

기원 1세기경, 바타가마니 아바야 왕은 싱할라 세력을 결집하여 왕위에 올라가 이를 평정하였다. 아바야 왕은 불교를 독신하여 자기와 친근한 마하티샤 장로를 위하여 아바야기리(無畏山)에 무외산사를 세워 기증하였다.

그러나 활동적인 마하티샤 장로는 계를 엄격히 지키던 비구들로부터 배척을 받아 교단에서 추방당하게 된다. 재가인들과 교제를 빈번히 한 죄였다. 그의 제자 500명은 이 조치에 승복하지 않고 사원을 떠나 무외산사로 옮겨가니 그래서 스리랑카 불교가 마하비하라파와 무외산사파, 둘로 나누어지게 되었다.

그때 마침 남인도에서 초청된 독자부(犢子部) 스님 담마루치 장로가 제자들과 함께 스리랑카에 와서 맹렬히 불법을 폈는데 왕은 이들에게 호감을 가졌으나 대사파에서 이들을 이단시하여 스리랑카 불교는 완전히 두 파로 갈라지게 되었다.
그래서 그들은
첫째로 부처님의 가르침을 확실하게 기록하여 지키고자 경전을 편집하였고,
둘째는 불교를 학(學)인지 행(行)인지를 구분하는 문제를 제기하였다.

그러나 분소의파(糞掃衣派)는 수행을 택했고 설법파는 학문을 택해 두 개의 생활양식으로 갈라졌다. 현재 스리랑카에 남아있는 수행을 택한 "숲속의 비구"와 학문을 택한 "도시의 비구"는 이러한 전통에서 갈라져 존재하고 있는 것이다.

4. 대승불교와 고타아바야 왕

3세기경이 되면서 스리랑카에는 대승불교가 전파된다.
스리랑카에서는 이들을 방광부(方廣部)라 부르는데 그들은 오자마자 무외산사를 근거지로 삼아 공(空)도리를 부르짖었기 때문에 대사파와 정면으로 대결하게 되었다. 대립이 격화되자 당시 왕인 보하리카티샤가 방광부를 이단으로 보았다.

이후 고타 아바야(253~266) 시대가 되자 다시 대승을 비불설로 간주하며 무외산사와 방광부를 인도로 추방하고 대승불교 서적을 모두 찢어 없앴다.
다음 마하세나 왕(296~303)이 등극하자 대사파에 압력을 가해 9년간 절이 비게 되

니 방광부가 다시 부활하였다.

특히 왕비와 대신들을 설득해 대사파는 다시 보호를 받게 되고 방광부는 또다시 압박받는 악순환을 거듭하게 되었다. 마하세나왕의 뒤를 이은 시리 메가반나왕(303~331)은 아버지와는 달리 무외산사파와 대사파를 똑같이 모셔 평화를 되찾게 된다.

5. 메가반나왕과 불치사(佛齒寺)

메가반나왕 9년 칼링카국의 왕녀 헤마말라가 그의 남편 단타 쿠말라에 의해 부처님의 치아(佛齒)를 모셔오게 되는데 왕은 이것을 다르마차카당(堂)에 안치하고 매년 무외산사에서 성대한 불치제(佛齒祭)를 가지게 되었다. 현재 불치는 캔디의 불치사(佛齒寺)에 봉안돼 있으며, 역대의 왕과 귀족들이 기증한 보석들로 장식되어 있다.

그때 마침 대주석가(大註釋家)로 유명한 붓다고사가 스리랑카에 와 있다가 종래의 주석서가 싱할라어로 전승되던 것을 누구나 알기 쉽게 팔리어로 바꾸어 정리하고 또 '청정도론(淸淨道論)'이라는 불교교리의 백과사전을 써서 유명해지게 되었다.

이렇게 불교가 발전한 가운데에서 5~6세기 사이에 왕이 바뀔 때마다 부침(浮沈)을 거듭하면서도 불교는 잘 보존되었다.

6. 비자야 바후 1세와 금강지의 밀교

7세기경 남인도 출신인 비즈라 보디(金剛智)가 중국으로 들어가기 전 스리랑카에 와서 무위산사에 있으면서 밀교를 가르쳐 9세기까지 한참 성하였다.

9세기경 남인도 치요라 왕조가 스리랑카에 침입하여 사원을 파괴하고 불교를 박해하였는데 그때 비자야 바후 1세(1055~1100)가 등장하여 치요라군을 격파하고 불교부흥에 전력을 다했다.

그러나 스리랑카불교는 계속된 전란으로 괴멸 직전의 위기에 처해 득도식을 해줄만한 스님까지도 없어져 버렸다.

그래서 왕은 비얀마 아노야타 왕에게 사신을 보내 미얀마 승단의 비구와 성전을 보내 줄 것을 간청하여 그로부터 다시 불교가 부흥하게 된 것이다.

이때에 미얀마에서 온 장군들과 비구 스님들은 대사나 무외산사 가리지 않고 오직 전통불교를 그대로 전했으므로 따로 파벌을 형성하지 않았다.

7. 파락카와 바후 1세의 불교 개혁

파락카마 바루(1153~1186) 1세 때는 전왕들이 애써 미얀마에서 들여온 상좌부 불교가 100년 후가 되니 사설(邪說)과 이단이 횡행하고, 타락한 비구들이 절 살림을 맡아 하게 되었다. 그러므로 절은 더욱 세속화하고 불결하게 되었다.

이에 바후왕은 나라 안의 모든 종파를 대사파 중심으로 통합하고 상좌부 전통을 인정하지 않고 추방했다. 많은 사원이 수리되고 새로운 사원이 건립되었다. 그리고 승단 규약을 공포했다.

"계를 지키지 않는 사람은 스님이 아니다. 모든 절 살림은 신도들이 한다. 스님들은 오직 도 닦고 법을 펴는 일만 한다."

13세기 후반 비자야 바후 4세 왕도 자신이 개최한 구족계 의식에서 덕 높은 비구들에게 마하사민(大主), 물라테라(根本長老). 파리비라테라(學院長老) 등과 같은 존호를 내리고 그를 이은 부바네카 바후 1세도 스스로 3장에 정통하여 비구와 장로들에게 법을 설하였으며 그를 잘 배운 비구에게는 장로의 지위를 베풀었다.

데바낭피야 티사왕 이래 스리랑카 불교 교단이 왕실 중심으로 체계있게 정비되기는 이때가 으뜸이다.

파락카마 바후(1287~1293) 3세에 이르러 포론나르와 왕정(王政)이 종지부를 찍고 16세기 이후 유럽세력이 이 섬에 들어와서도 흔들리지 않았다. 그런데 이렇게 확실히 민중 속에 파고 들어가 삶의 의의와 생활원리, 공덕관념에 근거한 선행이 11세기 미얀마, 13세기 태국, 14세기 캄보디아에 각각 전파되었음에도 불구하고 16세기 포르투갈의 침공을 받아 네덜란드 지배하(1655~1799)에 들어가자 승단의 법통이 끊어지고 말았다.

그래서 17세기 초 스리랑카왕 비말라 담마 수리야 2세는 미얀마에서 비구를 초빙해 법통을 이었으며, 17세기 후반에는 태국으로부터 다시 전법(傳法)을 받아 지금은 태국의 씨암파, 미얀마에 의해 부활된 아마라푸라파와 라마니야파가 각기 전통을 자랑하고 있다.

스리랑카 1500만 인구 가운데 67.4%가 불교신자이고, 힌두교는 17.6%, 기독교 7.8%, 회교도 7.1%, 기타 0.1%인데, 이 중 힌두교는 남인도 타밀인이 많고, 불교도는 싱할라인이 대부분이다.

스리랑카의 각 사찰은 각기 독립 운영하고 중앙행정부서가 있다. 승정은 명예직으로 합동행사나 주요 임무에 대한 회의를 소집할 때 주재자가 있다.

사찰헌금은 승려와 신도, 은행 측이 3자 입회 하에 개봉하고 필요할 때는 신도회에서 인출해 쓰되 모자라면 신도들이 보충한다. 스님들께 대중공양을 올리는 날은 집안의 큰 경사날이 되고 스님들을 지극히 공경하는데 만약 파계자가 되었을 때는 관용을 베풀지 않는다. 남녀의 구별이 엄격하고 대개 12세쯤에 동진출가(童眞出家)하는데, 양가의 자제로서 장남이나 외아들이 아닌 건강한 어린이만 선택되기 때문에 교리·수행·일반교양·불경 등에 대해서 뛰어난 자질을 가지게 된다.

대부분의 의식은 밤에 흰 옷을 입고 행하기 때문에 초하루 보름에는 온 사찰이 꽃밭이 되고, 특별의식은 달밝은 보름날 행해지는 포야데이(蒲月祭), 부처님 치아를 모시는 페라헤라(行列祭), 성수를 뿌리는 보리수공양이 가장 큰 행사이다.

스리랑카 스님들의 사회 활동은 철저한 자비행으로 유아원, 일요학교, 영세민구호, 고아와 장애인 보호를 중점적으로 하며 막사이사이상을 받은 사회사업가 아리야라트내 씨도 독실한 불교신자이다. 복지사업은 승속에 구애없이 하지만 특히 스님들의 지도 하에 신도들이 실천하고 있다. 집집마다 사무실마다 불상을 모시고 아침 5시가 되면 방송에 맞추어 예불을 하면서 하루의 일과를 시작한다.

『 불치사(佛齒寺), 스리 달라다 말리가와(Sri Dalada Maligawa) 』
스리랑카의 대표 사찰로 부처님의 치아가 모셔져 있다.

이른 아침 탁발을 나서는 스리랑카 스님들

『 야사와 친구 54명의 귀의 』   베나레스 영불탑
인도 사르나트 박물관   5비구가 부처님을 맞은 곳

스리랑카의 사르나트에 있는 『 무라간다 꾸티 바하르(Mulagandha Kuty Vihara) 사원 』

스리랑카 지도

제3편 미얀마 불교

욕심이 없는 미얀마는
옛날에는 버마라고 불렸다.

제수와 발리카가 부처님 머리카락을 받아
쉐다콘 탑을 이룬 이후 지금까지 풍수재해가 없다.

11세기 아나와라타왕이 상좌부 싱 아라칸을 중심으로
스리랑카 상좌부 불교를 받아들여 실천하고 있다.

1826년부터 22년간 영국의 식민지로 있으면서
우누 수상이 버마족, 산족, 본족, 아라칸족을 합하여 제6차 결집을 단행하고,
태국 스리랑카와 함께 WFB를 창설하여
1954년 12월 제3차 세계불교도대회를 가졌다.

현재 미얀마에는 수담, 쉐진, 마하드라, 웰루완, 사또봄미까,
가나위. 뭇띠까토, 아나욱차웅, 댈라신(비구니)
8개 종단이 이판 사판으로 나누어져 있다.

1. 불교의 나라 미얀마

황금의 나라 미얀마를 옛날에는 "버마"라고 불렀다.

노랑지붕을 한 세다곤이 황금물결과 대비, 찬란하게 빛날 때마다 지그시 눈을 감고 발우를 들고 한 줄로 줄을 서 걸어가는 스님들의 물결은 문자 그대로 온 세계를 황금으로 물들이고 있기 때문이다.

욕심이 없는 나라, 미얀마.

최근 들어 정부가 형성되면서 다소 갈등을 느끼고 있으나 여전히 세계에서 가장 탑이 많고 수행자가 많은 나라로 알려졌다.

인구 3천만 정도 되는 미얀마는 인구의 10%가 출가한 스님들이다. 그래서 국민의 80% 이상이 불교도로 인식되고 있다. 현재도 10만명 이상이 출가수행을 하고 있기 때문에 불교왕국으로 불려지고 있다.

실제 1855년 티바우 왕이 영국의 침략에 밀려 인도의 서부 해안으로 추방되기 전까지는 군주들은 언제나 불교를 보호하고 후원하였고, 국가 전체가 불교적 이념 속에 신성하게 살아가고 있었다.

처음 세워진 세다곤탑이나 만달레이의 450개가 넘는 탑은 모두 왕들의 후원 속에 이루어졌다. 연 3회 이상 곡식을 거두어들일 수 있는 미얀마는 세계의 곡창지대로 의식주에 걸림이 없다. 왜냐하면 사시사철 더운 날씨로 먹을 것이 풍족하며 우거진 숲속에서 공부하기 딱 알맞기 때문이다. 그래서 지금도 세계각국에서 선(禪)을 닦기 위해 모여든 사람들이 인산인해를 이루고 있다. 한때 마하시 수도원은 10만명이 넘는 수행자들 때문에 랭군 시내가 온통 수행자의 물결로 뒤덮였다.

국민들의 수입 가운데 대부분이 절에 보시되고 길가에서 스님들을 보면 즉시 엎드려 절을 한다. 절에 모든 교육기관이 설치되어 있으며 아이들은 어려서부터 절에서 놀며 절에서 배우고 대부분 스님이 한 번씩 되었다 환속하여 생활하기 때문에 전 국민이 불교 속에 산다 해도 과언이 아니다.

모든 정치는 장로들의 자문 속에 이루어지고 있고 국민은 요가와 위빠사나가 생활화되어 있다. 여기에는 바쁜 것도 없고 느린 것도 없다. 한 생각 속에서 3세가 공존하고 있기 때문에 초시간 초공간적 삶을 살아가고 있다.

2. 바간 왕조의 불교

미얀마는 인도와 접경지대에 있기 때문에 항상 거래가 빈번하였다. 제수와 발리카가 500대의 수레를 거느리고 인도에 갔다가 붓다가야 근처에서 코끼리가 엎드려 절하는 성자를 보고 공양을 올렸다. 그분이 바로 샤카무니 부처님, 6년 고행 후 마지막 수행을 마치고 성도한 그때였다.

"저희들이 공양을 올리고자 하는데 받아주시겠습니까?"

부처님은 침묵으로 받아들였다. 그래서 한 사발의 미숫가루물과 보리떡 4개를 갖다드렸다. 부처님께서는 달게 잡수시고 물었다.

"그대들의 소망이 무엇인가?"

"저희들은 장사를 하는 대상(隊商)이므로 비바람이 없고 도적을 만나지 않고 물건들의 주인을 만나 이득을 얻는 것이 소망입니다."

"그대들에게 밝은 빛이 있으라."

감격한 제수는 세 번씩 3번 9차례 절을 하고 일어나니 함께 왔던 발리카가

"우리 형님만 복을 다 받아가네요. 저희 공양도 받아주십시오."

부처님은 성도 후 제5주 40여일만에 만족하게 먹었으나 중생의 마음을 거스를 수 없어 가져오라 허락하였다. 그런데 부처님께서 음식을 다 잡수시고나자 발리카가 청했다.

"부처님, 저희들에게 평생 간직할 만한 기념품을 하나 주세요."

부처님께서는 이 말씀을 듣고 머리카락을 쑥 빼니 모두 여덟 개였다.

"이것을 기념품으로 하라."

그래서 제수와 발리카는 그것을 두 몫으로 나누어 4개는 금그릇에 담아 대상들의 맨 앞에 놓고 4개는 은그릇에 담아 맨 뒤에 놓았는데 밤이면 거기서 밝은 황금빛이 쏘아져 도적과 짐승, 기후의 장애가 없이 가져온 물건의 3백배를 벌어 본국으로 돌아오게 되었

다. 1059년 바간 왕조의 아노라타(Anawrahta)왕이 이 소식을 듣고 1천명의 군대를 정
렬해 세워 그 황금머리털을 받아 군인들이 서 있는 마지막 자리에 탑을 세우라 하였다.
처음에는 제수와 발리카 키에다가 왕의 키만큼 크게 세웠던 것을 새 왕이 들어설 때마
다 그 왕의 키만큼 높여 둘레 120m, 450개나 되는 대탑이 형성되었다. 1085년 아노
라타왕의 아들인 쟌시타(Kyanzittha)왕에 의해 완성된 이 탑에는 여러 왕족들과 시민
들이 보시한 다이아몬드가 500개 이상 박혀 있는데 한밤중에도 대낮같이 빛나고 바닥
은 대리석으로 되어 있다.

　이것이 세계에서 가장 큰 황금탑이요, 부처님 머리칼 탑(佛髮塔)이다.

3. 아나와라타 왕의 정통 불교 수입

　미얀마는 인도 동부 앗삼 지방에 접해있다. 11세기 바간 왕조를 세운 아나와라타 왕
(1044~1077)은 바간 왕조 이전부터 힌두교, 불교가 인도로부터 들어와 있는 것을 알
았지만 그것은 민간적인 차원이었다.

　자신이 남부 미얀마 몬족을 정복했을 때 몬족 출신의 비구 싱아라한은 이미 모든 불
교를 정통한 성자의 위치에 있었다.

　"불교에는 어떤 종류가 있습니까?"

　"부처님 당시에는 상좌부 하나뿐이었으나 그뒤 부파불교가 형성되고 대승불교가 일어
나 합쳐지다 보니 모든 종교가 뒤섞여 잡탕밥을 형성하고 있습니다."

　"그렇다면 상좌부 불교를 중심으로 하여 부처님 당시의 불교를 보급하고 싶습니다."

　"그렇게 하겠습니다."

　하며 자신이 배운 상좌부 불교를 널리 보급하였다.

　그런데 스리랑카 불교는 일찍이 빨리 성전을 결집하고 아라한 불교를 정립하였으나
남인도 치토리아 왕국의 침입을 받아 대부분의 정사와 불탑이 파괴되어 승단의식을 행
할 장소도 없는 지경에 이르렀다.

　이때 비자야 바후1세(1055~1100)가 미얀마에 사신을 보내 스리랑카에 불교를 다시

보내달라고 하여 경전과 스님들을 보내 스리랑카 불교가 다시 일어나게 하였다. 그뒤 16세기에도 포르투갈의 침공을 받아 불교가 멸망 직전의 상태에까지 놓였을 때 다시 한 번 법통을 이어받아 오늘의 스리랑카 불교가 되게 하였다.

한편 미얀마 불교는 13세기경 바간 왕조가 멸망하자 폐구 왕조 때 담마제디 왕(1460~1491)이 1476년 비구 사미 22명을 스리랑카에 보내 콜롬보 교외 칼라니(현 칼라니아 寺)에서 정식으로 수계를 받고 돌아와 지금도 거기 감사의 비문이 남겨져 있다.

그런데 1826년경부터 1848년까지 영국이 미얀마를 식민지로 통치하면서 군화발로 만달레이 사원에 들어와 만행을 저질렀으므로 그때 젊은 스님(퐁기)들이 민족주의에 대한 자극을 일으켜 1918년 청년불교도 협의회가 창설되고 1911년 일반 불교도협회가 조직되어 반영(反英)운동을 일으켜 21년 조세지불거절과 불매운동을 일으켜 1938년에는 폭동까지 일어나게 되었다.

이로 인해 버마족·산족·본족·아라칸족 등 여러 부족들과 유식, 무식한 것을 가리지 않고 확고한 신념으로 나라를 지키고 백성들을 보호하는 일을 같이 하게 되었다.

그 뒤 독립정부를 세운 우누 수상이 헌법에 불교를 중시하는 글귀를 넣고 엄청난 돈을 들여 도서관을 신설하고 불교대학을 건립하는 한편, 랭군 교외에 1만명을 수용할 수 있는 동굴을 만들어 거기서 제6차 결집을 하게 되었다.

우누 수상은 태국·스리랑카와 연합하여 W.F.B.를 창설하고 54년 12월 3차 세계 불교도 대회를 랭군에서 개최하기도 하였다.

그러나 그후 소수 민족주의자들의 반발로 같은 불교도인 네윈 장군이 쿠데타를 일으켜 버마 사회주의를 건설하여 지금까지 내전이 계속되고 있다.

버마 사회주의는 곧 불교주의로써 부지런히 벌어 귀천남녀 없이 평등하게 잘 살아가자는데 목적이 있으므로 민간세력에게 정치를 넘겨주고 군정에서 벗어나기를 바라는 사람들이 많다.

4. 밍군스님과 제6차 결집

밍군스님은 1911년 11월 타이뷰와 마을에서 태어나 8세에 민잔 민자웅 사원에 출가하였다. 스승 우 소비타 스님에게서 기초를 닦고 10세에 사미계를 받은 뒤 사가잉 읍에 있는 담마다나(법의 외침) 승원에 들어가 담마차리냐(法佛), 마하담마차리냐(大法佛), 티피타카다라(三藏護持)가 되어 정전의 1만 6천 쪽을 암송하는 능력으로 1985년 기네스북에 올랐다.

부처님 경전을 수밧다나의 망언(妄言)에 의하여 마가다에서 아자아타사투 왕의 후원에 의해 처음 결집되고 두 번째 결집은 계율문제로 베실리성에서 칼라소카 왕(아사세의 후손)의 후원으로 이루어졌으며 세 번째는 파탈리푸트타에서 아쇼카 왕의 후원에 의해 결집되고 네 번째 결집은 BC. 25년 스리랑카에서 왓타가마니 아브하야 왕의 후원에 의해 구전 경전을 처음으로 문자화하였다.

그리고 다섯 번째 편찬은 미얀마 만달레이에서 1871년 만든 왕의 후원으로 이루어져 729개의 대리석 판 위에 새겨졌으며 여섯 번째 결집은 현대 인쇄문으로 1954년 밍군스님의 구송에 의하여 이루어졌다.

이때 1956년 5월 15일을 기해 불멸 연대를 계산하여 발표하였다. 이로써 보면 미얀마는 자국 뿐 아니라 세계불교운동의 기수가 되었다고 생각한다.

5. 현재의 미얀마 불교

현재 미얀마에는 수담마, 쉐진, 마하드라와, 물라드라와, 웰루완. 사또봄미까, 가나위뭇띠까토, 아나욱차웅 드와라, 띨라신(비구니) 등 8개 종파만이 있다.

이중 수담마가 81%로 53,921개나 되는 사찰에 889,404명의 스님들을 거느리고 있으며 다음으로 쉐진(9%, 사찰 2,539개, 53,826명), 마하드라와(0.8%, 662개. 4,130명)가 차지하고 있다. 그리고 비구니는 7.2%로 42,140명이나 된다.

만달레이에 본부를 둔 수담마는 페이지 사야도를 종단의 지도자로 모시고 있으니, 미얀마 승가협의회(원로원)의 대부분이다. 이 종단 출신 소비타 스님이 미얀마 전체 종단의 행정수반이 되어 있는데 여기에 이판승과 사판승이 있다.

계율을 중심으로 한 쉐진가잉 수행 중심의 승단이고 웰추만가잉은 빠예인 지역에서 창종되었다. 최고 큰스님은 "비만떼", "우진" 등으로 부른다.

미얀마 바간의 「우팔리테인 사원」

「 황금탑 」
부처님께서 성도 후 미얀마 상인 제수와 발리카에게 머리칼 여덟 가닥을
기념으로 주어 만들어진 탑으로 미얀마 양곤에 있다.

제4편 태국 불교

불교왕국 태국은 4,700만 국민에
24,000개 절이 있고 스님 수가 180,000명에 달한다.

승려 출신 국왕은 불교의 수호자요 국민의 아버지다.
남자 나이 20세가 되면 누구나 출가하여 스님이 되었다가
희망에 따라 나와 국가와 사회를 위해 봉사한다.

1238년 메남강 지역에 수코타이 왕국이 생겨난 이후
미얀마, 스리랑카에서 상좌부 불교를 받아들였는데
아유타야 왕조에 이르러 국교로 정립된다.

아유타야 왕조의 유장 탁신을 거쳐
1782년 차크리 왕조가 들어서면서 새 조정을 결집
노예를 해방시키고 아편, 음주, 도박을 금지시켜 입헌군주국을 만들었다.

한때 영국의 침입을 받았으나 승왕이 국권을 보호하여
1950년에는 WFB 세계불교도대회를 개최,
3학(계, 정, 혜) 중심의 개혁 정신으로
제도를 혁신해가고 있다.

새벽절과 에메랄드 사원은 국민 정신의 지주가 되고 있다.

1. 생활 속의 태국 불교

인구 4700만인 태국은 전 인구의 93%가 불교를 믿는다.

전국에 24,000개의 절이 있고 승려 수는 17만 6천명 정도 된다.

불교가 국교인 이 나라는 국왕이 불교의 수호자다.

남자는 20세가 되면 일정 기간 삭발하고 사원에 들어가 수도생활을 하여야 한다.

태국의 승단은 마하니카야(大衆派)와 담마유타니카야(正統派) 두 파로 나누어져 있다. 교세는 2만여개의 사찰을 가지고 있는 대중부가 압도적으로 우세하다. 그러나 정통파의 사찰은 2천여 개에 불과하다. 이 두 개의 승단은 방콕에 각각 승가 최고의 교육기관인 마하추라콩코른 대학과 마하마긋 대학에서 학사 승려들을 양성하고 있다. 비구들의 최고 교육기관인 두 대학은 상좌부 불교의 내전(內典)을 주로 강의하고 있으며, 특히 팔리어는 중요한 과목이다.

대학교육을 받은 승려들은 기꺼이 마을로 돌아와 교육의 혜택에서 멀리 떨어져 있는 민중들에게 자기의 학문을 가르쳐 준다. 대부분의 초등교육기관도 사원에 설치돼 있기 때문에 일반 청소년들은 어려서부터 자연스럽게 불교를 접하게 된다.

스님들의 사회적 역할은 미미한 정부시설(학교·의료시설·경찰·사회복지시설 등)에서 분쟁을 해결하고, 고아들을 돌보는 것이다. 그들은 건축 계획을 세우고 절에서 배운 건축·목공·타일·벽돌 쌓기·시멘트 제조, 심지어 의학적 치료까지 해준다.

그러므로 태국 불교는 민중의 지팡이가 되어 사회생활의 중심 역할을 한다. 또 민중들은 어려서부터 결혼·출산·장례 의식이 불교 속에서 치러지고 있기 때문에 사원은 주민들의 집회장이자 병원, 양로원 구실을 하고 있다.

남방 불교의 전통을 지키는 태국 불교는 포살(布薩)과 안거(自恣)를 엄격히 지키기 때문에 이때가 되면 신도들은 절에 가서 스님들을 공양하고 설법을 듣는다. 안거가 끝나고 실시되는 자자 때는 신도들이 법의를 지어 스님들께 바친다. 매년 이맘때 태국의 국왕을 방콕 시내 차오프라야 강을 건너 태국 제일의 아룬사원에 가서 금욕수련을 하고 끝난 뒤 법의를 바친다.

2. 아유타야 왕조와 상좌부 불교

태국의 원주민은 수천년 전부터 태국에서 살고 있었으나 중국 운남성에서 온 타이족들이 중심이 되어 최초의 수코타야 왕국을 건설한다. 1238년 메남강 중류 지역에서 수코타야 왕족이 생겨나 먼저부터 살고 있던 크메르족들을 물리쳤다.

그들은 일찍부터 대승불교와 힌두교를 믿고 있었는데 11세기에 미얀마의 파간 왕조가 들어와서 스리랑카로부터 들어온 상좌부 불교를 널리 보급하였다. 그중에서도 수코타야 왕조의 미얀마 상좌부 불교를 받아들인 공로자인데 1350년 리타이 왕 때 메남강 하류 아유타이에서 일어난 아유타야 왕조에 의해 멸망하게 되었다. 이것이 태국 불교가 국교가 되게 된 동기이다.

라미티파티를 개조한 아유타야 왕조는 18세기까지 약 4백년에 이르기까지 계속되었는데 이 왕조의 시리 슈리아밤사라마 왕이 1361년 스리랑카에서 사신을 파견하여 상좌부 불교를 정식으로 받아들였다. 그러니까 전설로 보아서는 타트파는 사원에 불사이가 모셔진(불멸후 8년) 이후 처음으로 불교가 국교로 된 셈이다.

철학과 문학을 통달한 왕은 스리랑카에서 상가라자(僧王)를 초청하여 팔리어 성전과 계율·의식을 전래받고 각 도시와 지방에 절을 짓고 탑을 세워 불교국가를 과시하였다.

한편 동쪽으로 메콩 강 지역을 정복하고 남쪽으로는 말레이반도 북쪽까지 영토를 확장했다. 1750년에는 남방 상좌부 불교의 고향인 스리랑카에 불교를 역수출하기도 했다.

그러나 1769년 미얀마의 공격을 받아 태국은 멸망하고 크고작은 사찰들이 파괴되었다.

3. 탁신왕의 학정과 몽구트왕의 비구 생활

타이의 새 왕조는 아유타야 시대의 유장(遺將) 파라야 탁신에 의해 새로운 시대가 열린다. 탁신은 아유타야가 멸망한 뒤 6개월 만에 미얀마인을 몰아내고 톤부리를 수도로 정하고 새 나라를 건설한다.

그러나 그는 왕위에 오른 뒤 왕궁으로 고승들을 초청하여

"나는 수다원과(須陀洹果)를 얻었으니 나에게 절하라."

하였다. 무지한 스님들은 그를 섬겨 공경하였으나 승단의 최고 원로승은

"스님들이 속인에게 허리를 구부리는 것은 옳지 않다."

하며 반대하니 탁신은 그를 따르는 스님들을 잡아 죽이기도 하고 자기에게 아첨하는 스님들을 승정 자리에 앉혀놓고 다른 스님들을 다스리게 하였다.

이에 차크리 장군이 탁신의 폭정은 진압하고 왕궁을 톤부리에서 방콕으로 건너와 새 왕조를 건설하니 1782년 차크리 방콕 왕조가 새롭게 건설되게 되었다.

차크리 왕은 그동안 구금되었던 스님들을 모두 놓아주고 탁신 정권에 아첨하였던 스님들을 환속시켰다. 그리고 새롭게 경·율·논 3장을 결집하여 법단에 모셨다.

1851년 새 왕으로 추대된 몽구트는 태국 불교의 개혁자로 왕이 되기 전 26년간이나 청정한 수행을 한 비구승이었다. 그래서 여기서 불교 계율을 엄격히 지키는 정통파 마하니카야와 개혁파인 담마유타니카야의 구분이 생긴다.

몽구트 왕의 아들이 부친의 뜻에 따라 1894년에 독립한 파로서 노예를 해방시키고 도박·음주·아편 등을 금지시키고 여성의 지위를 향상하고 학술을 장려하고 서적을 출판하여 문화 정책을 적극적으로 펴니 1932년에는 입헌군주국으로까지 발전하였다. 그래서 종래의 국명 씨암 역시 타이(자유)로 바꾸어진 것이다.

한편 영국이 침입하여서는 태국을 완전 점령하여 한때 수상과 왕은 승낙하였으나 승왕이 바르게 인도하여 국권을 넘기지 않고 함께 법권을 도모하게 하니 동남아시아에서 서구의 지배를 받지 않은 유일한 국가가 된 것이다.

실로 태국 국민들을 철저하게 단결시킨 것도 불교이고 윤리도덕을 굳건히 한 것도 불교이다. 1950년대 스리랑카 미얀마와 함께 세계 불교(W.F.B.)를 확립시킨 것도 태국 불교이다. 1958년 11월과 1966년 11월에 세계 불교도 대회를 방콕과 젬마이에서 실현하여 세계 불자들의 사모한 바가 되었다.

현재 세계에서 불교국가로 확정된 나라는 태국과 부탄뿐이다. 부탄은 인구가 작고 산골나라이기 때문에 그렇다고 하지만 세계의 자유종교 시대에 있어서 불교를 모델로

한 나라는 태국이 제일이다.

그러나 근래 들어 지나친 자유와 경제 문제를 두고 노사가 합일을 이루지 못해 쿠데타를 거듭하고 있으니 걱정하지 않을 수 없다.

4. 태국 불교의 개혁운동

오늘날 태국불교에는 개혁 운동의 바람이 불고 있는데, 그 내용을 보면 초자연적인 신비주의 등 미신적인 요소와 내세를 위한 적선 위주의 전통 불교 개념을 배격하고 해탈은 승려만 하는 것이 아니라 모든 중생이 다할 수 있고, 극락이나 지옥은 인간의 마음에 있는 것으로 그것은 하나의 비유(Metaphor)에 불과하다는 것이다.

이러한 태국 불교 개혁에 앞장 서 있는 승단은 Wat Phra Dhammakaya라 불리는 종파이다. 이 종파는 당초 Luang Phor Sot(1884~1959)의 새로운 명상법(samadhi)을 통해 깨달음을 얻을 수 있다는 가르침을 따라 제자인 Phra Chayabuun Dhammachayo 등이 대규모 교단으로 발전시켰다.

그는 1970년에 명상수련원으로 개설하였다가 1977년에 정식사찰로 등록하였으며, 승려 881명, 전도사 485명 등 규모로 성장하고 Sammadhi(삼매)를 통해 부처의 가르침에 대한 통찰력을 얻을 수 있는 직접적인 경험이 가능하다는 점이 기성 불교종단에 식상을 느낀 중산층 평신도에게 큰 호응을 받고 있다.

주지 Dhammachayo의 개혁운동을 앞에서 견인하고 있는 부주지 Dattajivo는 Kasetsarth 대학 출신의 고등학력자로서 포교 활동에 mass marketing 신기법 등을 활용하여 도시 중산층에 큰 성과를 얻고 있으며, 개별 가정을 방문하여 헌금 요청(merit accumulation for salvation)을 통해 종단재원을 확보하고 있다.

대학생 훈련 프로그램 개발(약 2개월 기간)하여 승려 충원을 위한 엄격한 훈련과정을 시행하고 있다.

그러나 이러한 개혁운동에 기성 통합종단은 다음과 같은 비판을 내리고 있다. 즉 Theravada 불교 교리를 왜곡하므로 Theravada 종단에서 축출할 것을 요구하고, 선(善)을 돈으로 살 수 있는 것으로 해석하여 불교를 상업화시키고 있으며, 개인 숭배 및 부처의 신격화로 기성교단을 위협하고 있다.

1999년 3월 태국불교협회는 Dhammakaya는 불교 원리와 명상 방법의 불완전한 이해로 대중을 오도하고 있다는 결론을 내렸다.

5. 태국 불교 교육기관과 유명한 사원

전통 교육기관으로는 두 곳이 있다.

1) 팔리학교(Pali School) : 비구와 사미 승려만을 위한 교육기관으로 95년 통계에 의하면 전국에 972개의 학교에 학생 수 33,954명이 재학하고 있었다.

2) 교리학교(Dhamma School) : 비구와 승려의 교리시험을 위한 교육기관이다.

또한 방콕 시내에는 승려와 함께 일반인들도 시험을 통해 입학할 수 있는 불교 대학 두 곳이 있다. 하나는 마하니카야파의 마하출라 롱콘 불교 대학이고, 다른 하나는 담마유트파에 의해 운영되는 마하마쿠트 불교 대학이다.

1) 마하출라 롱콘 불교대학의 원 명칭은 Mahachulalongkorn-rajavidyalaya University로 왕실에서 운영하는 공립대학으로 학교본부는 방콕에 위치하며, 전국에 15개의 분교가 개설되어 있다.

이 대학은 1887년에 출라롱콘왕에 의해 설립된 고등교육기관으로 승려와 재가불자가 시험을 통해 입학할 수 있는 대학이다. 이 대학은 불교교육을 중심으로 하고 있지만 인문대학은 물론 사회과학대학 그리고 국제프로그램과 대학원도 개설되어 있다.

총체적으로 26과의 대학부와 10개의 대학원 과정이 개설되어 있으며, 불교학 연구를 전문으로 하는 학사과정도 개설하였다.

2) 마하 마쿠트(Mahamakut Buddhist University) 불교 대학은 태국 국가에서 운영하는 두 불교대학 중 다른 하나로 1893년에 출라롱콘왕이 아버지 마쿠트 왕을 기념하기 위해 창설한 고등교육기관이다.

마하 마쿠트 대학은 4개의 대학부가 개설되어 있는데, 종교, 철학, 인문, 그리고 사회과학대학 등이다. 이 대학은 교사교육을 위한 프로그램이 개설되어 있는 것이 특징이다. 1987년에 대학원 과정이 개설되었고, 2005년에는 불교학 전공 박사과정도 개설하였다.

6. 에메랄드 붓다 사원(Wat Phra Kaew)과 새벽절

(1) 붓다 사원

태국에서 가장 신성한 불교 사원으로 간주되는 에메랄드 붓다 사원은 태국 국민에게 종교적 측면 뿐 아니라 정치적으로도 태국사회를 보호하는 위대한 상징으로 간주되고 있다. 에메랄드 사원은 태국 수도 방콕시 중심에 자리잡고 있는 대궁전 안에 있다.

이 사원 법당 프라 오보솟에는 에메랄드 부처님이 모셔져 있다. 이 붓다상의 역사는 부처님 열반 후 5세기 전 인도땅에서 시작하여 1782년 라마 1세 치세 시간에 태국 에메랄드 법당에 모셔질 때까지 거슬러 올라가야 한다. 라마 1세는 붓다 요드파 차크리 왕조를 세운 왕으로 오늘날 태국 군주인 부미볼 아두 야데왕은 라마 9세이다.

에메랄드 불상은 66cm 높이로 한 덩어리 청흑색 옥돌로 조각되어 있다. 태국에서 에메랄드라는 말은 특별한 보석이 아니고 깊은 색을 내는 청색을 뜻한다. 이 에메랄드 불상은 북부 태국 조각양식에 따라 명상에 들어 정좌하신 부처님상이다.

전통에 따라 에메랄드 붓다상은 왕 이외에는 손을 델 수 없으며, 연중 여름, 겨울, 그리고 우기 등 세 번에 걸쳐 새 옷으로 바꾸는데, 이 의식은 대단히 중요한 국가 행사 가운데 하나로 닦아오는 계절에 전 태국에 평화가 깃들기를 기원한다.

전해오는 전설에 의하면 이 불상은 인도에서부터 시작하여 15세기 캄보디아를 거쳐 16세기에는 라오스로 옮겨졌으며, 그곳에서 215년간 모셔져 있다가 18세기 태국으로 이운되었다. 나가세나 스님의 예언에 따르면 이 불상이 모셔진 나라는 항상 부와 평화를 누린다고 한다. 이 때문에 오늘날 태국에서 이 에메랄드 불상은 이 나라 불자들의 깊은 신심의 대상으로 경배되고 있다.

에메랄드 불상은 인도 빠달리붓드라에서 조상되어 그곳에 300년 동안 모셔져 있다가 민란이 일어나 불상을 보호하기 위해 스리랑카로 옮겨졌다. 기원 457년 버마(오늘날 미얀마) 왕이 사신을 보내 미얀마에 불교를 펴기 위해 경전과 불상을 원하자 이 불상과 경전을 보내왔다.

그러나 이 불상을 실은 배가 풍랑을 만나 캄보디아에 도착하였으며, 1432년 태국 군대가 앙코르 와트를 점령하였으나 그곳에 흑사병이 만연하여 불상은 캄보디아에서 라오스로 이운되고 그곳에서 자취를 감추었다. 그러나 1434년 우기에 흙 속에서 재발견되어 라오스 왕에 의해 보호되고 수도 비엔티안에 215년 동안 모셔져 있었다. 1768년 태국 탁신 왕이 즉위하고 1778년 탁신 왕이 라오스를 점령하면서 에메랄드 불상을 태국으로 옮겼다.

태국으로 옮겨진 불상은 처음 대궁전 안에 있는 왓트 브라 케우에 모셔져 있다가 왕명에 의해 새로운 사찰이 봉헌되고 에메랄드 불상이 그곳에 안치되었다.

1941년 세계 제2차 대전 중 태국은 강제로 일본과 동맹을 맺었는데, 당시 수상이었던 피부송크람은 자신의 고향인 페차분으로 에메랄드 불상과 수도를 옮기려 했으나 국민의 반대로 그 야망은 이루어지지 않았다.

(2) 새벽절(叡明寺院, Wat Arun)

태국 수도 방콕 중앙을 질러 흐르는 차오 프라야 강 서쪽 언덕에 위치하고 있는 새벽절의 이름은 고대 힌두신 아루나에서 온 것이다. 아루나는 떠오르는 태양의 빛을 상징한다.

태국의 상징이기도 한 방콕의 새벽사원은 아침에 떠오르는 해의 빛이 처음 비치는 곳이다. 17세기에 세워진 이 사원은 19세기 라마 2세 치세 당시 사원 중앙의 첨탑이 세워졌다.

1351년에서부터 1767년 사이의 아유타야 왕국 당시에 세워진 이 사원은 처음에는 왓트 마콕이라 불렸는데, 1656년에서 1688년 사이 프랑스에서 제작된 지도에 나타나 있다. 당시 이곳에는 오늘날 에메랄드 사원의 부처님상이 임시로 모셔져 있었다.

1785년 에메랄드 부처님 상이 오늘날 에메랄드 사원으로 옮겨지면서 이 사원은 방치되었다가 라마 2세가 새벽에 이곳을 방문하고 난 후 이 사찰을 재건할 것을 서원하고 복원하기 시작하면서 약 70m에 달하는 중앙 탑이 세워졌다.

이 사원의 특징이라면 각종 색깔의 도자기 조각으로 장식된 중앙 첨탑이다. 그래서 이 사원을 스투파를 닮은 사원이라고도 부른다. 그 높이는 누가 재는가에 따라 66.8m에서 86m 사이이다. 이 중앙 첨탑 주위에는 네 개의 작은 첨탑이 서 있다. 이 첨탑들은 색깔 도자기 조각과 조개로 장식되어 있다.

사찰 안에는 라마 2세가 직접 조상한 불상이 모셔져 있으며, 라마 2세 타계 후 왕의 재를 불상 밑에 안치했다. 중앙 첨탑은 라마 2세(1809~1824)가 시작하고 라마 3세(1824~1851)가 그 완성을 보았다. 첨탑은 여러 악마와 원숭이 상에 의해 받쳐져 있고, 중앙에는 좁고 가파른 층계가 첨탑 중앙으로 안내한다. 탑 기반의 주위는 총 234m에 달한다.

중앙 첨탑 옆에는 대관식 때 사용하는 대관홀이 있는데, 이 건물은 라마 2세가 직접 설계하였으며, 이 곳에 구름을 타고 서 있는 부처님상(니미트리 불상)이 모셔져 있다.

태국 불교의 상징, 에메랄드 불상

『 새벽사원(Wat Arun) 』

태국 스님들

『 왓 차이왓타나람 (Wat Chaiwatthanaram) 사원 』

담마까야 사원 앞에서 열린 대규모 단기출가 행사 '10만 승려 수계의식'

제5편 라오스 불교

라오스는 해안선이 없는 내륙국이다.
동베트남, 서미얀마, 태국, 남캄보디아 340여만 인구가 거의 다 라오족이다.

메오, 야오, 쿰 등 30여개 고산족들이 있지만
전 국민의 80프로가 평야 지대에서 농사를 짓고 있다.
1975년 인도차이나 반도가 베트남과 함께 공산화되면서
다소 공산화 되기는 하였지만 대부분 불교를 믿어
승려 수가 13만명에 달하고 있다.

교단은 마하니카야 스님들이 담당하고 있으나
담마 유타니카야 파도 적지 않다.
일반적으로 양가의 자제들이 1개월부터 3개월까지
견습승 상황을 하게 되어 있으나 18세 이상은 족장의 허락을 받아야 한다.

11세기 파킨 왕조의 란찬왕이 와 나라를 세웠으나
16세기 포테이사자트왕 때부터 많은 절이 지어지고
헌법에 불교를 국교로 하고 국왕은 독실한 불교 신자가 되게 되어있다.

1. 라오스의 불교

라오스는 우리나라와 거의 비슷한 전 국토의 면적이 23만 6800㎢로 해안선이 없고 전 국토가 완전히 내륙국가이다.

동쪽으로는 베트남, 서북쪽으로는 미얀마, 서쪽으로는 태국, 남쪽으로는 캄보디아에 접해 있고, 340여만 인구가 대부분 라오족이다.

이들 대부분은 평야 지대에서 농업에 종사하고 있다. 이외에도 메오족, 야오족, 쿰족 등 30여개의 종족이 고산지대에서 살고 있다.

1975년 인도차이나 반도가 베트남과 함께 공산화되면서 이 나라는 공산화가 되어 수 아노공의 정권 하에 친노노선을 걷고 있다. 따라서 주변 여러 나라와 같이 경제적으로 매우 어려운 처지에 놓여 있으리라 짐작되지만 요즘 다소 개방정책을 펴니 관광객이 몰 려들고 봉사자들이 들어와 조금씩 개방되고 있는 실정이다.

사실 공산화 되기 이전에는 동남아시아에서 주목을 받던 주요 불교국가였다.

1965년 종교국의 발표에 의하면 전 국민의 95%가 불교도로서 승려 수가 무려 13만 명에 달했었다. 사원 수는 베트남계도 포함해서 1천 800여개에 달했다.

교단은 태국과 마찬가지로 마하니카야파와 담마유타니카야파로 나누어져 있는데 종파 별로 보면 마하니카야파가 압도적이다. 담마유타니카야파 사원은 수도 브앙트얀에 두 개 밖에 없기 때문이다.

상가라자(승왕)는 대대로 마하니카야 스님들이 맡아왔다. 승왕은 자기 종파말고도 다 른 파까지도 관장한다. 승왕 밑에는 5명의 고승이 종교회의를 조직하고 있으며 지방의 국과 지사를 관장하는 스님이 관할지역을 담당하고 있다.

일반적으로 양가의 자제들이 1개월부터 3개월 동안 견습승으로 출가하여 전통의식을 익히고 있으나 부유한 집 자제보다는 어려운 집 자제들이 출가하여 사회교육을 받고 돌 아오는 경우가 많다. 17세 미만은 부모에게 승낙을 받고 18세 이상이 되면 촌장의 허락 이 있어야 출가하게 되어 있다. 출가해서 스님이 되면 군대에 안 가도 되기 때문이다.

2. 란창 왕조와 불교

라오스의 불교는 란창 왕조로부터 시작된다. 원래 이 나라는 인도네시아의 지배를 받고 있었는데 11세기에 이르러 독립되기 시작 14세기 중엽 메콩강 상류지역 파킨에서 란창왕이 나라를 세웠기 때문이다.

라오족들이 란창의 파킨이 브앙트얀을 종속시키고 루앙프라방에 수도로 정했다. 루앙프라방이야말로 브앙트얀과 같이 메콩강을 바라보는 라오스의 중심지가 되었기 때문이다.

사실 라오스는 11세기 이전부터도 라오족 사이에서 상좌부 불교가 싹터 있었는데 16세기 포테이사자트 왕에 의해서 많은 절이 지어지고 불교를 보호하여 국가적인 차원에서 라오스 불교를 이루게 되었다.

왕은 독실한 불자를 국가 행사와 관혼상제를 모두 불교식으로 행하여 스님들의 지위가 왕 다음으로 높아지게 되었다. 따라서 16세기 이후 자연적으로 왕가 귀족의 보호를 받게 된 불교는 1947년 라오스 상가법을 제정하고 1957년에는 불기 2500주년 기념행사도 거룩하게 치러졌다.

라오스 국민은 헌법에 의해 다음의 의무를 진다.
첫째, 조국에 대한 신봉
둘째, 종교의 존중…
그리고 본문 7조에는, 불교를 국교로 한다. 왕은 그 최고의 보호자가 된다.
제8조에는, 왕은 열렬한 불교신도가 아니면 안 된다.

위와 같이 명시되어 있어 대부분의 절들은 국가와 왕의 보호를 받았는데 브앙트얀에 있는 방룡사, 중앙사원, 타트의 루앙사, 와트크라프사가 유명하다.

그 중 방룡사는 수도 브앙트얀에 있는 베트남 사찰로 규모가 크고 잘 정비되어 있다. 따라서 이전에는 베트남인과 중국계 화교신도들이 많이 나오고 있다.

중국계 대승불교의 교리에 따라 아침에는 능엄주(楞嚴呪), 저녁에는 아미타경을 봉독하고 있으므로 남방불교 가운데서는 대승불교를 대표한다고 할 수 있다. 경내에는 팔리어 학교도 부설되어 있고 비구 사미 200여명이 4학급으로 나누어져 있다. 매년 3월에 졸업식과 입학식을 하는데 이 학교를 졸업한 사람은 장차 사회에 나가서 큰 대우를 받게 되어 있다.

이 절에는 또 일반 학생을 위하여 야간학교와 일요학교도 운영하고 있어 사회교육에 크게 이바지하고 있다.

넓은 땅에 금색 찬란한 탑을 가지고 있어 국왕이 탑 속에 거대한 에메랄드 불상을 모셨다.

스님들은 대부분 새벽 4시면 일어나 5시면 좌선하고 6시에 탁발한다. 오후는 각자의 시간을 가지며 취침 전에도 한 시간씩 좌선한다.

좌선은 반가부좌로 1시간씩 하고 5분 쉬었다 하는데 내용은 정토 3부경에 나오는 수상관(水想觀), 광상관(光想觀)을 주로 한다.

한때 재가불교운동이 일어났으나 국내에 불안한 정세 때문에 불교와 사회주의를 접목하려는 움직임도 승려들 사이에 있었다.

물론 오랜 시간 농촌 경제에 물이 들어 있었으므로 쉽게 변화를 일으키기 어려우나 노동계급과 지주계급 사이에 다소 갈등을 느끼고 있었기 때문이다.

공산화 이후에도 지속되고 있는 사찰들을 들어보면 다음과 같다.

3. 라오스의 불교사찰

(1) 하우 프라 카에우(Haw Phra Kaew)

세따티라트 왕에 의해 1556년~1565년 사이에 세워진 사원으로 오늘날 태국 방콕 사원에 모셔진 에메랄드 불상이 모셔졌던 사찰이다. 1778년 태국 군사에 의해 점령되고 에메랄드 불상이 당시 태국 수도였던 창마이로 옮겨지면서 하우 사원은 파괴되었다.

그후 19세기에 비엔티안의 아누봉 왕에 의해 재건되었으나 아누봉 왕이 태국 왕조에 반기를 들자 다시 태국 군사가 쳐들어와 사찰은 다시 파괴되었다. 그후 프랑스군이 들어오면서 1936년에서 1942년 사이 프랑스 식민지 시대에 재건되었다.

(2) 파 탓 루앙(Pha Tat Luang)

라오스 수도 비엔티안 시 중앙에 자리한 사찰로 금으로 장엄된 거대한 스투파 사찰이다. 기원 3세기에 세워진 이 사찰의 스투파는 1930년까지 여러 번 재건되었으며, 라오스국의 상징으로 사오스 국민에게는 가장 중요한 국민의 기념탑으로 간주되고 있다.

이 사찰은 최초에는 힌두신전으로 지어졌으나 인도 마우리아 아쇼카 왕의 포교사 부리 찬과 다섯 아라한 스님들이 경전과 부처님 가슴 진신사리를 가져와 탑을 세우면서 불교가 전해졌다.

13세기에 크메르(캄보디아) 사찰이 세워진 후 다시 방치되어 폐허화 되었다가 16세기 중반에 세타띠라트 왕에 의해 탓 루앙 거리 끝 현재 위치로 탑이 옮겨지면서 파 탓 루앙이라 이름하였다. 탑의 기초는 각 변이 69m로 높이는 45m에 이르고 주위는 30개의 작은 탑이 둘러서 있다.

1641년 네덜란드 동인도회사 대표 게릿트 부이소프가 비엔티안을 방문하여 이 사찰에서 수리그나 왕으로부터 환대를 받았다. 그후 부이소프가 쓴 방문기에 의하면 네덜란드 사신은 금으로 장식된 거대한 스투파에 큰 감명을 받았다고 쓰고 있다. 그러나 불행하게도 미얀마, 시암(태국) 그리고 중국 군대에 의해 수차례 약탈되었다.

1828년 시암(태국) 군대에 의해 완전히 파괴되어 스투파 사찰은 방치되었으며, 1900년에 와서 프랑스 사람에 의해 복원되었는데, 당시 복원은 1867년에 제작된 설계도에 의했으나 완전한 복원에 실패하여 다시 프랑스 설계사에 의해 재설계되고 1930년도에 와서 재건되었다.

그러나 프랑스-태국 간의 전쟁이 일어나고 태국군의 포격으로 루앙사찰은 크게 훼손되었다가 2차 대전이 끝나고 오늘날과 같은 형태의 스투파로 재건되었다.

(3) 팟 틱(베트남, Phat Tick)

라오스의 거대한 월남인 사회를 위해 세워진 대승불교 사원이다. 이 사원은 비엔티안 상가 중심에 자리잡고 있으며, 사찰의 중앙에는 스투파 형식의 불당이 자리잡고 있고, 정좌하신 부처님 상이 스투파 꼭대기에 모셔져 있다.

법당에는 천수천안 관세음보살과 10대 제자, 그리고 16나한상이 조성되어 있는 것이 특징이다.

(4) 왓트 마이 수와나푸마함(Wat Mai Suwannaphumaham)

이 사찰은 짧게는 왓 마이라 부르기도 하는데, 루앙프라방 지역에 세워진 무척 인상적인 사찰로서 칠기와 금으로 다양하게 장식된 사찰이다.

왓 마이란 새로운 사찰이라는 뜻으로 1780년 루앙프라탕 왕국의 아루랏 왕에 의해 건설되었으며, 그 옆에는 왕궁이 자리하였다. 그 때문에 왓 마이는 주로 왕족들의 신행 중심지였으며, 1887년 중국의 침입에도 훼손되지 않고 견뎌낸 사찰이다.

1821년 이후 여러 차례 보수 및 증축 불사가 이루어졌고, 이어서 수십년간 계속해서 경내에 새로운 건축물이 세워졌다. 그러나 본당의 푸라방 불상을 제외하고는 거의 모든 건물과 불상이 중국군의 침입으로 인해 불타버렸다.

프라방 불상은 라오스에서 가장 높은 경배의 대상으로 예배되고 있으며, 20세기 중반까지 그곳에 모셔져 있었다. 그후 불상은 왕립박물관으로 옮겨져서 오늘날에는 매해 초 신년축하를 위해 불상을 밖으로 모시고 행진하고 불상을 청결하는 의식을 거행한다.

(5) 왓 옹 테우 마하위한(Wat Ong Teu Mahawihan, 중량의 불상사원)

많은 불교 수도원 가운데 하나인데, 비엔티안 시내에 위치하고 있다. 중량의 불상사원이란 이름은 이 수도원에 라오스에서 가장 큰 청동불상이 모셔져 있기 때문이다.

이 수도원은 16세기 세타띠라트 1세에 의해 최초로 건축되었으며, 이 왕의 치세 시기를 라오스 불교의 황금기라 부른다. 그러나 16세기 이후 미얀마군에 의해 훼손된 사찰을 방치함으로써 그후 침입한 외국 군대에 의해 완전히 파괴되었다. 그러나 16세기와 20세기에 걸쳐 복원되어 오늘날의 모습을 갖게 되었다.

이 사원은 라오스의 수도 비엔티안에 위치해 있지만 그 건축 양식은 루앙프라방 1세 양식이라 부르며, 특징은 정방형 사각형식으로 건축물에 소수의 벽돌이 사용되었다.

세타띠라트 1세의 명에 의해 전 수도였던 루앙프라방에서 비엔티안으로 수도를 옮긴 후 왕은 많은 수도원을 새로 열고 사원 안과 자신의 궁전 안에 프라 옹 테우 불상의 모양을 닮은 불상을 제작하여 안치하도록 하였다.

이후 여섯 구의 프라 옹 테우 마하위한 불상이 조성되고 라오스의 불교 황금기를 열었다. 왕의 치세 간에 세워진 사찰에는 수계법당, 범종각과 법고각 그리고 불탑이 세워졌으며 수도원에는 수도하는 승려들을 위해 충분한 요사채를 세웠다.

1827년에서 1928년 사이에 시암(태국) 군대가 라오스를 침범하여 보복으로 거의 모든 수도원과 사찰을 파괴하였다. 이때 왓 옹 테우 사원도 파괴되었다. 1843년에 프랑스와 태국간의 조약이 체결되면서 1900년에서부터 시작하여 비엔티안의 수도원을 복원하기 시작하였다. 이와 함께 수도원에 교육기관을 세워 오늘날까지 테라바다 승려들을 교육하고 있다.

(6) 왓 파 폰 파오(Wat Pa Phon Phao, 평화스러운 사원)

라오스의 전 수도 루앙프라방의 언덕 위에 건축된 황금탑 사원으로 숲속 명상사찰로 알려져 있다. 이 사원의 주지 아잔 사이사뭇트가 타계하자 스님의 장례식은 라오스 역사상 가장 장대한 의식으로 치루어졌다. 이 사찰에는 훌륭한 벽화를 소유하고 있다.

(7) 왓 시 무앙(Wat Si Muang)

1563년에 지어진 사원으로, 그 자리에는 전에 힌두사원이 있었다고 한다. 오늘날도 본당의 뒤편에는 힌두사원의 잔재가 남아있다.

법당 안에는 방이 둘 있는데, 앞쪽 방에는 사찰을 방문하는 불자들과 함께 예불하는 스님이 앉아 있으며, 뒤쪽 방에는 수없이 많은 불상이 안치되어 있다. 전하는 바에 의하면 이 사찰이 지어질 때 임신한 부인을 인신공양으로 올렸다고 한다.

(8) 왓 시 사케트(Wat Si Saket)

비엔티안에서 가장 오래된 사원이다. 1818년 아누봉 왕의 명령으로 건설되었는데, 건축 양식은 시암의 사찰 양식을 따랐다. 이 사원은 1827년에 시암 군대가 라오스를 침범했을 당시 시암군대의 병영지로 사용되었는데, 1924년과 1930년 두 번에 걸쳐 불란서인들이 복구하였다.

왓 시 사케트 사원 본당 회랑에는 2천여구의 도자기 불상이 모셔져 있으며, 이 사원에는 사찰 박물관이 설치되어 있다.

(9) 왓 쉬리 촘푸 옹 테(Wat Sri Chmphu Ong Tue)

비엔티안에 위치한 사찰로 라오스에서 가장 큰 불상이 모셔져 있고, 이 불상은 1562년에 조성되었으며 높이가 4m에 달한다.

(10) 왓 시앙 통(Wat Xieng Thong, 황금마을 사원)

루앙프라방 북쪽에 위치하고 있다. 이 사원은 라오스 수도원 가운데 가장 중요한 수도원으로 라오스의 종교, 왕실 그리고 전통 미술의 정신을 유지하고 있는 기념물적 존재이다. 사찰 경내에는 20여개에 달하는 건축물이 산재해 있는데, 법당, 누각, 그리고 요사채 등이다. 또한 경내에 있는 정원에는 각종 꽃, 희귀종 나무들이 심어져 있다.

이 사찰 겸 수도원은 1559년에서 1560년 사이에 세타띠라트에 의해 조성되었는데, 1975년까지 왕실의 보호 아래 운영되었으며, 여러 라오스의 왕들이 이 사찰에서 대관식을 가졌다.
이 사찰의 장식물들은 라오스를 대표하는 것들로서 사찰 건축의 문들은 부처님 일생을 라오스식으로 조각하여 금색으로 칠했다. 법당의 천장은 불륜의 장식으로 치장되어 있는데, 이는 부처님의 설법과 함께 윤회를 나타내고 있다.
본당 건물의 외부는 라오스 전설들을 형상화한 유리 모자이크로 장엄되어 있다. 부처님 열반상이 모셔져 있는 불당 외부 벽은 역시 모자이크로 장엄되어 있다.

1880년에 이 사찰에 삼장도서관이 부설되었고, 또한 1961년에 법고각이 세워졌다. 다행히도 1887년의 전쟁에도 이 사찰은 훼손되지 않고 보존되었다. 왜냐하면 흑기(黑期) 하우(群盜)의 수장 데오 반 트리가 젊었을 때 출가자로서 이 사찰에서 수행하였기 때문이다. 트리 수장의 군대가 루앙프라방을 침입하였을 때 이곳을 군영지로 사용하였다.

사찰의 경내에는 여러 작은 법당들이 건축되어 있는데, 그 안에는 당시의 부처님들이 모셔져 있다. 그 가운데 한 법당에는 부처님 열반상이 모셔져 있는데, 라오스에서 부처님 열반상은 희소하다. 1931년 프랑스 파리에서 열린 박람회에 전시되었다가 다시 라오스로 돌아와서 1964년까지 비엔티안에 머물러 있다가 1964년에 루앙프라방으로 옮겨졌다. 이 사찰은 프랑스 정부의 보조를 받아 1950년대와 1960년대 두 차례에 걸쳐 크게 보수되었다.

라오족

『 마하위안 불상 』

루앙 프라방에서 탁발하시는 라오스 스님들

중세 캄보디아 앙코르시대 연표

연대(서기)	왕 이름	재위기간	계 보	도 시	중요유적	건축양식
800	쟈야바르망2세	802 ~ 854	물의 쟝라의 왕자 (자바출신)	인도라무라 하리하다라야부라 마행도라빠루바다 하외하라야부라	부농구렝　802|850	구렙
	쟈야바르망3세	854 ~ 877	선왕의 아들	"	887	과도기
	인드바르망1세	877 ~ 889	쟈야바르망2세조카	"	뿌리야고 빠공	로르오스
900	야쇼바루망1세	889 ~ 910	선왕의 아들	야쇼다라뿌라(제1앙코르)	로레이뿌농바겡 뿌리야비히야부라삿도　893|912	
	하루샤바르망1세	910 ~ 922	"	"	구라망　921	과도기
	이사나바루망1세	~ 925	선왕의 동생	"	구라망　944	
	쟈야바루망4세	921 ~ 942	아소바루망4세 사위	족구가루가	고게	
	하루샤바루망2세	942 ~ 44	선왕의 아들	"	왕궁부레루보동메몽 바꾸세이쟈무무를　967	과도기
	라중도라바루망2세	944 ~ 968	쟈야바루망4세 사위	야쇼다라뿌라(제1알코르)	"　968	
	쟈야바루망5세	968 ~ 1001	선왕의 아들	"	바데이야이스레이	
1000	무디야데이쟈바루망1세	1001 ~ 1002	선왕의 조카	"	다게우	
	쟈야바야바루망	1002 ~ 1010	不明	"		
	수리야바루망1세	1002 ~ 1049	왕위찬탈자	제2앙코르	부리야비시야 다계우남북구리양　1050	
	무디야데이바루망2세	1049 ~ 1066	선왕조카의 아들	"	삐미야가스	
	하루샤바루망3세	1066 ~ 1080	선왕의 동생		바뿌옹	
1100	쟈야바르망6세	1082 ~ 1107	왕위찬탈자			
	다리닝도라바루망1세	1107 ~ 1112	선왕의 동생	"	벵미야리야　1066	
	수리야바루망2세	1113 ~ 1115	선왕조카의아들			
	아쇼바루망2세	1160년경	선왕의 아버지		앙코르 와트 오부미농쟈유 샤데우다뿌리야 바리라이방데야기　1150	
	도루부바나데이바루망	1165 ~ 1177	왕위찬탈자	자바침입경로	방데이야기구레이소라스랑다부로무 부리야강앙코르도무의성벽　1181 바이몽데디숭낙구뱃엇다소무　1220	
1200	쟈야바루망7세	1181 ~ 1201	다리닝도라바루망2세의 아들	제3앙코르		
	잉도라바루망2세	1201 ~ 1243	선왕의 아들	"		
	쟈야바루망8세	1243 ~ 1295	선왕의 손자(?)	"		
1300	슈링도라바루망	1295 ~ 1307	선왕의 사위	"	주달관 방문	
	쟈야바루망바라메수바루망	1327 ~ ?	不明	"		
1400	부리야루망다게마라지왕	? ~ 1357	선왕의 손자	"	샤무의 침입 점령	
1434	뽀니야 얏도왕	1405 ~ 1467	선왕의 아들	프놈펜	앙코르 방기	

제6편 크메르의 미소, 캄보디아 불교

전설에 인도왕이 크메르에 건너와
힌두교의 정통 샤먼과 결혼하였기 때문에
지금 캄보디아 불교는 힌두교와 불교가 혼합되어
각 지역마다 수장(首長)이 관리하는 학교에서 교육한다.

1세기 말 메콩강 하류 부남에서 시작된 불교가
3세기 범민왕 시대에 이르러 국가적 차원에서 불사를 짓고
5세기에는 승가비라가 양무제 때 아육왕경을 가지고 가서 번역하고
6세기 경에는 나가세나가 와서 무제에게 불상을 헌납하였다 한다.

사나바르만왕 때 대승불교가 들어와 관음신앙이 성행,
앙코르 왕조가 열렸다 한다.
19세기 프랑스 식민지가 되었으나
베트남 극동학원 때문에 박해를 덜 받고 살았다.

1. 공산화된 민중 불교

캄보디아는 인도네시아 중앙부에 위치한 나라로 인구는 800만에 불과하다. 전설에 의하면 그들 조상들이 일찍이 인도에서 건너와 왕이 이 나라의 여왕과 결혼하여 새 나라를 세웠다 한다.

그러면 그 여자는 어떤 사람이었을까. 힌두교에 정통한 샤먼이었을 가능성이 크다. 당시 여자가 왕 노릇을 하였다는 것은 동서를 통하여 특이한 인격을 가진 사람만이 할 수 있었던 일이었기 때문이다.

그래서 그런지 캄보디아의 불교는 힌두교와 완전히 융합된 불교이다.

지금 남아 있는 앙코르 와트의 유적지를 보아도 알 수 있다. 힌두교 3대신들의 하나인 스바신이 관세음보살로 조각되어 있고 자재천왕 대범천왕이 주유를 이루고 있어 힌두교 불교가 혼용되어 있음을 알 수 있다.

11세기 이후 확립된 상좌부는 캄보디아를 인도차이나 지역에서 불교국가를 만드는데 충분한 힘을 가지고 있었다. 젊은이들은 누구나 한 번씩 출가의 경험을 갖게 되고 사원에서의 기억은 평생동안 살아가는 인생의 지표가 되었다.

승단의 조직은 태국과 마찬가지로 마하니카야와 담마유타니카야로 나뉘었다. 승려 수는 1970년을 기준해서 마하니카야가 약 54,000명, 담마유타니카야가 1,300명이며 도합 55,000명에 달했으며 두 파의 사찰은 캄보디아 전체에 3,000개가 넘는다.

이들 모든 승가는 상가나요크(首長)에 의해 통솔되고 각기 독립되어 있어 구속받지 않고 살고 있다. 대부분의 교육은 사찰에서 운영되어 초등 팔리어 학교가 530여개, 학생 수는 1만 천 명 정도, 고등학교는 두 개로 학생 수가 500명, 대학은 1개로 100여명에 달한다.

그런데 이것이 장차 인도차이나 반도의 공산화로 폴포츠에 의해 확산되고 거의 폐허 상태에 이르렀다. 사찰 보수는 말할 것도 없지만 승려가 되는 것까지도 제재를 받기 때문에 은둔적인 신앙을 해 왔는데 요즈음 관광객들이 들어옴으로 인해서 안드로포프와 헴 삼린의 초상화가 불보살의 초상화로 바꾸어지고 있고 특히 앙코르 와트의 작품은 희귀한 예술품으로 거래되고 있다.

2. 범만왕(范蔓王)의 불심과 앙코르 와트의 조성

캄보디아의 불교는 BC. 3세기 경 아쇼왕의 전도승에 의해서 시작되었다 하나 아직 그대로 캄보디아가 국가로서의 행태를 갖추지 못하고 있었으므로 개인적으로는 영향을 받고 있었으나 국가적인 면에서는 공식적으로 불교가 성행하지 못했다.

1세기 말 메콩강 하류에 부남(扶南)이란 나라가 성립된 이후 3세기 초 범만왕 시대에 이르러 국가적인 차원에서 불사를 짓고 스님을 존경하였다고 한다.

그후 5세기 초 카운디야 왕조가 들어서면서 승가바라(460~524) 같은 큰스님이 태어나 512년 양무제에게 아육왕경을 가지고 가 번역할 정도가 되었다.

인도 기록에 의하면 그에 앞선 사야발마 왕 때 나가세나 비구가 제남(齊南)의 무제에게 파견돼 불상을 헌납하고(484년) 돌아오기도 했다. 의정 스님(義淨 : 635~713)이 쓴 동남아여행기 남해기귀내법전(南海寄歸內法傳)을 보면 당시 부남시대의 캄보디아에는 정량부(正量部)와 유부(有部)의 불교가 크게 성하였다고 한다.

부남족은 6세기까지 동남아 중심 국가로 성장했으나 진랍(眞臘)의 샤나바르만왕에 의해 멸망하였고, 샤나바르만 시대에는 대승불교가 들어와 관음신앙이 성행했다고 한다.

진랍 또한 한때 성하였으나 왕위계승문제로 남북이 갈라져 수진랍(南)과 육진랍(北)으로 분열되었고, 9세기 초에는 자야바르산 2세가 다시 통일하고 앙코르 왕조를 열었다고 한다. 앙코르 왕조의 제3대인 야쇼바루만 1세는 수도를 앙코르 톰으로 옮기고 대승불교를 공식적으로 승인하였으며, 세계적인 걸작품 앙코르 와트를 건립한다. 이것이 바로 힌두교와 불교의 합작품이다.

3. 스리아바루만 1세의 종합 불교

1002년에 즉위한 스리아바루만 1세는 힌두교와 불교를 똑같이 보호하며 대·소승 불교가 함께 살아가게 하였다.

1181년 자야바루만 7세는 그 중에서도 불교를 크게 진흥시켰는데 그 가운데서도 특히 관음신앙을 깊이 가졌기 때문에 곳곳에 관음상이 거대한 바위처럼 조각되었던 것이다. 앙코르의 미소는 크메르의 미소로 널리 알려져 있으며 크메르 불교의 대표작으로 알려져 있다.

자야바루만 시대가 지나자 13세기부터 15세기 사이 태국의 침공이 잦아져 수도를 프놈펜으로 옮겼으나 차차 사양길을 걷게 되었다.

19세기 프랑스의 식민지가 되자 프랑스는 불교의 전교(傳敎)를 억압하였다. 앙코르 와트가 그들에 의해 도굴되었으나 1898년 베트남 하노이에 세워진 프랑스 극동학원에 의해 조직적으로 연구되어 세계적인 문화유산으로 인정 받게 되었다.

한편 이같은 대내외의 압력 가운데서도 생활 속의 불교를 실현해 온 국민들 때문에 노랑옷을 입은 스님들은 그 복장 하나만으로 존경을 받고 귀의를 받아와 서양 사람들도 이것을 보고 캄보디아는 "승려의 나라"라 평가하였던 것이다.

1950년 인도에서 사리불(舍利弗)과 목건련(目犍連)의 유골을 가져와 대대적인 봉안법회를 가졌으며, 불기 2500년 기념행사까지 하여 크메르의 미소를 연상하게 하는 새로운 불교시대를 열어가고 있다.

4. 크메르의 불교 유산, 앙코르 와트

앙코르(Ankor)는 수리아바르만 2세(Suryavarman Ⅱ, 재위 1113~50년경)가 12세기에 지은 앙코르 와트(Angkor Wat)와 자야 바르만 7세(Jayavarman Ⅶ, 재위 1181~1215년경)가 1200년경에 지은 앙코르 톰(Angkor Thom)이 있다.

앙코르 시는 왕가의 중심지로서 크메르 왕조는 이곳에서 동남아시아 역사상 가장 크고 번성하고 발달한 왕국을 다스렸다. 890년경 야소바르만 1세가 수도를 앙코르로 옮긴 때부터 13세기 초까지 앙코르의 왕들은 인도차이나 반도의 끝부분에서 북쪽을 윈난(雲南)까지, 또 베트남에서 서쪽으로 벵골 만에 이르기까지 광대한 영토를 다스렸다.

통치 기간에 지배자들은 자신들과 수도를 찬양하기 위한 일련의 거대한 건축 사업을 실시하기 위해 막대한 노동력과 부를 이용했다. 자야 바르만 7세 이후 왕국의 권력과 활력은 점차 쇠퇴하여 1431년 타이 군대에게 앙코르를 점령당하여 약탈당한 다음 마침내 버려졌다. 앙코르에서 위대한 건설과 축조는 300년이 넘게 계속되었는데 이 동안 건축과 예술 양식에서 많은 변화가 일어났으며, 종교 의식은 시바 신과 비슈누 신을 섬기는 힌두교에서 점차 관세음보살 신앙이 퍼져 나갔다.

근대 이전에 세워진 동남아시아의 많은 도시와 마찬가지로 앙크로도 통치의 중심지이자 신격화한 왕을 숭배하던 곳으로서 인도에서 들여와 지역적 전통에 맞게 고쳐진 종교적·정치적 개념에 의거해 계획·건설되었으며 여러 번 재건되었다.

이 도시에 '야소다라푸라(Yasodharapura)'라는 원래의 이름을 붙인 야소바르만 1세 때부터 앙코르는 인도의 전통적 우주론이 제시한 모델에 따라 세워진 하나의 상징적 우주로 여겨졌다. 그래서 이 도시는 중심부에 메루산, 즉 피라미드형 사원을 중심으로 배치되었는데 이것은 인도의 우주론에 등장하는 메루(수미)산과 동일시 되었으며 동시에 왕국의 번영이 달려 있는 토양의 힘을 집중시킨다고 믿었다.

야소다라푸라로 명명되었을 당시의 중심부 산의 사원은 그 지역에 있는 자연 언덕인 프놈바켕(Phnam Bakheng)을 적절히 변형시켜 만든 건축물이었으나 후대에 와서 전적으로 인공적인 건축물, 즉 피라미드 사원이 되었다. 이런 후대의 사원으로는 자야 바르만 5세(Jayavarman V, 재위 968~1001)의 피메아나카스(Phimeanakas) 사원, 우다야디티 아바르만 2세(재위 1050~66)의 바푸온(Baphuon) 사원 및 불교 사원인 바욘(Bayon) 등이 있다.

특히 바욘은 자야 바르만 7세 때의 중심 사원이었다. 자야 바르만 7세는 이 도시를 지금과 같은 거의 완벽한 형태로 건립했는데 이 무렵에 도시는 앙코르 톰으로 알려지게 되었다. 또 이때에는 앙코르의 주요 특징인 방대한 저수지·운하·해자 등이 만들어졌는데 이것들은 수량 조절과 관개를 위한 수단이었을 뿐만 아니라 인도의 우주론에서 우주 중심부의 산을 둘러싸고 있는 대양의 상징이기도 했다.

우주론적 사고와 도시 자체의 관계는 도시의 주요 거주민과 ltsm이 관계에서도 마찬가지로 설정되었다. 중심부의 산 도는 피라미드나 사원은 '데바라자(devaraja)'라고 불리는 신격화한 왕이 주재하고 있었으며, 이를 통해 왕은 위대한 절대적 신격의 하나로 동일시되었고, 이런 동일시는 왕이 죽었을 때 중심부 사원을 왕의 개인 장례용 사원이나 무덤으로 삼음으로써 마무리되었다.

앙코르에 있는 다른 사원들 역시 인도의 우주론과 신화적 주제를 표현하고 있으며, 중심부 사원을 새로 짓지 않은 왕이나 실질적 통치자가 아니었던 왕가 구성원, 또는 몇몇 경우에 특정 귀족들이 시바 신이나 왕국에서 섬기던 다른 주요 신과 자신들을 동일시함으로써 영생을 얻을 수 있는 숭배 장소로 세워졌다.

예를 들면 앙코르 유적의 사원 가운데 가장 거창하며 유명한 앙코르 와트는 수리아바르만 2세가 자신의 유해를 안치하고 상징적·종교적으로 비슈누 신과 자신을 영원히 동일시할 수 있는 거대한 소우주의 건축물로 세운 것이다. 13세기 말 이곳을 찾은 중국의 무역 사절 주달관(周達觀)의 생생한 기록에 따르면 앙코르는 그때까지도 번영을 누리던 거대한 도시였으며 아시아에서 가장 장엄한 수도의 하나였다.

그럼에도 이 무렵에는 자야 바르만 7세의 재위기간 동안 극에 달했던 거대한 규모의 건축열이 확실히 끝나고, 불교 상좌부로 대표되는 새롭고 보다 절제된 종교적 경향이 나타나기 시작했다. 그리고 제국 서부에 세워진 타이 왕국의 군대도 이미 크메르의 심장부에 접근하기 시작했다. 16세기의 기록에 따르면 이러한 경향은 도시의 폐기라는 형태로 절정에 이르렀고, 밀림으로 뒤덮인 고대 사원의 유해와 한때는 장대했던 저수지와 수로망의 폐허만 남게 되었을 뿐이다.

고대 도시가 멸망한 15세기 초부터 19세기 말까지 400년이 넘는 동안 앙코르에 대한 관심은 대부분 앙코르 와트에 모아졌는데 앙코르 와트는 불교 상좌부 승려들에 의해 거의 원형대로 보존됨으로써 동남아시아에서 가장 중요한 불교 순례지의 하나가 되었다. 그러나 이 시기에 캄보디아를 찾았던 초기 유럽의 방문객들은 '잃어버린 도시'에 대해 강한 호기심을 나타냈으며, 1863년 프랑스의 식민 정부가 세워지자 이 유적 전체는 학문적 흥미와 관심의 대상이 되었다.

재능 있고 헌신적인 프랑스의 고고학자와 언어학자들은 처음에는 독자적으로, 이후에는 정부가 지원하는 프랑스 극동학교의 후원을 받아 이 지역을 종합적으로 연구하여 앙코르의 역사와 생활을 이끈 흥미진진한 종교와 정치 체계에 대해 오늘날 알려진 많은 사실을 밝혀냈다. 또한 고고학자들은 고생스럽고 힘든 복원 계획을 실행함으로써 고대의 사원·저수지·운하망을 원래의 장관에 어느 정도 가깝게 복구했다.

1960, 1970, 1980년대 초에 일어난 캄보디아의 정치적·군사적 소요 기간에 앙코르의 사원들은 전쟁으로 피해를 입고 도굴 당하기도 했으나 가장 큰 문제는 방치되었다는 점이었다. 적절한 관리 부족으로 건물들은 급속하고 무성히 자라는 식물과 침식을 유발하는 물, 기타 자연 현상으로 황폐해졌다.

캄보디아 불교의 상징, 앙코르 와트 사원

앙코르 와트의 불상

비슈누상의 얼굴이 부처상으로 바뀌어 있다. 손을 비롯한 몸은 비슈누이고, 머리만 부처상이다. 원래 앙코르 와트는 수르야바르만 2세가 힌두교 사원으로 지었는데, 그후 자야바르만 7세때 불교를 수용하면서 힌두교의 신들이 불상으로 바뀌게 되었다.

캄보디아 스님들

제7편 섬나라 인도네시아 불교

1만 800여개나 되는 섬으로 구성된 인도네시아는
아직도 식인종이 살 정도로 미개한 나라이지만
인구가 2억 3천만이나 되어 세계에서 4번째 큰 나라이다.
300여 종족이 모여 힌두교, 이슬람, 기독교, 불교,
혼합 종교를 형성하고 있기 때문에 중심을 잡기가 어렵다.

5세기 경에는 카슈미르릐 구나발마 스님이 포교를 펴고
8세기 사이젠드리 왕조 때부터 불교를 보호하여
칼라산 벤두르 세부 보로부두르에 대닥 불사가 이루어졌다.

보로부두르는 화엄경의 무진세계를 만달로 그린 거으로
1,460점의 불화와 1,212점의 장식화 505점의 불상이
한 탑 속에 장엄되어 있어 세계적인 작품이다.

6~10세기 사이 구도승들이 거치는 바다길이 되어
11세기에는 동남아 불교의 중심지가 되어
법칭 스님의 5종론(장엄론, 반야석론, 해명론, 섭의론, 보살론)은
대소, 종합불교의 터전으로 자리매김하고 있다.

1. 복잡다단한 인구와 섬나라

섬나라 인도네시아는 190만㎢에 1만 8천개나 되는 크고 작은 섬들이 꽃같이 늘어서 있다. 그러나 실제 사람이 사는 섬은 1천 개도 안되며, 가운데 자카르타가 있는 자바와 수마트라, 술라바시 섬 이외에는 거의 사람이 없다.

실제 인구는 약 2억 3천만명으로 중국, 인도, 미국에 이어 세계 4위이며, 섬나라 중에서는 세계에서 가장 많은 인구를 보유하고 있다.

300여 종족이 모여있어 대부분 언어와 풍습이 다르기 때문에 종교도 다를 수 밖에 없다. 힌두교, 이슬람교, 기독교가 많고 현재 불교는 유물만 남아있는 상태이다.

인도네시아의 역사는 14세기 마자파히트 왕국이 현재 인도네시아 영역을 통합하기 전까지는 수마트라, 자바 섬도 다 각각 별도로 독립된 나라였으므로 불교도 자연히 떨어져서 생각할 수 밖에 없다.

2. 사이렌드라 왕조와 불교

인도네시아 불교는 1세기부터 5세기 사이에 인도로부터 자연스럽게 전해졌다고 여겨진다. 5세기경, 인도로 순방한 법현(法顯)의 불국기에 보면 당시 이 지역은 힌두교가 융성하고 불교는 미미했었다고 한다. 그 후 이곳에는 계빈국(카시미르)의 구나발마(救那跋摩 : 367~431)가 찾아와 교화활동을 폄으로써 불교가 정착되었다 한다.

8세기경에는 사이렌드라왕조(774~865)가 출현하여 불교 발전에 획기적인 기여를 하였는데, 이 왕조는 말레이와 인도차이나 반도까지 침공하여 수진랍을 항복시켰다. 역대 왕들은 불교를 신봉하고, 발전과 보호에 힘썼으며, 또한 불사를 많이 지었는데, 칼라산, 멘두트, 세부와 보르부도르도 이때 지어진 것이다.

1814년 영국인에 의하여 발견된 보르부도르는 전체 면적이 2,580㎢나 되며, 정방형의 1변은 111m나 된다. 기단(基壇)으로부터 종모양의 탑까지는 9층 31m나 되어 하나의 큰 산처럼 보인다.

어찌하여 이렇게 큰 탑을 세웠는지 알 수 없으나, 그 모습이 마치 거대한 만다라도(曼多羅圖)와 같으므로 밀교적 소재 속에서 구상된 것으로 보여진다. 절 내부에는 1,460점의 불화(佛畵)와 1,212점의 장식화, 그리고 505점의 불상이 각층에 고루 안치되어 있어 장엄한 불국세계를 이루고 있다. 어찌 보면 화엄경의 무진세계(無瞋世界)를 축소시켜 놓은 듯 보이기도 한다.

그런데 10세기경 신도크가 자바 지역에 새 왕조를 세우고 시바교를 보호함으로써 이 때부터 불교와 시바교는 혼합되어 신교인지 불교인지 구분하기 어렵게 되었다고 한다.

의정 스님은 681년부터 695년 사이 수리비자야를 거쳐 인도를 왕복했는데, 돌아올 때는 약 10년간 이 나라에 머물렀다. 그는 여기서 근본설일체유부백일갈마(根本說一切有部百一羯磨)의 주석을 냈는데, '이 나라에는 수천의 승려가 학문과 수행에 힘쓰고 있었다'고 하였다. 또 그의 여행기인 남해기귀내법전(南海寄歸內法傳)에 의하면 당시 수리비자야에는 석가계율저(釋迦鷄栗底)라는 유명한 학승이 있어 수장론(手杖論)이라는 책을 지었는데, 이 책은 인도 불교와 요가파의 사상을 대표하는 것으로서 의정 스님이 한문으로 번역하여 전하고 있다.

수리비자야는 9세기부터 사이렌드라왕조의 지배를 받기 시작하여, 11세기 초까지 전성기를 이룩했는데, 이 무렵 불교도 극성(極盛)하여 동남아불교의 중심지가 되었다.

3. 법칭스님의 공로

11세기 초에는 법칭(法稱 : 찬드라키르티)라는 스님이 출현하여 불교학을 크게 선양하였다 한다. 티베트대장경에 포함된 법칭의 저술은 현관장엄론(現觀莊嚴論)이라고 하는 반야경석론(般若經釋論) 주석에 있어서 난해어해명명소(難解語解明名疏)를 비롯하여, 입보리행론36섭의(入菩提行論三十六攝義)·입보리행론섭의(入菩提行論攝義)·집보살학론현관

(集菩薩學論現觀) 등 4종류나 된다.

　이로써 보면 인도 불교 뿐만 아니라 티베트 불교와도 밀접한 관계를 갖고 있었다고
볼 수 있다. 현관장엄론은 미륵보살이 지었던 것을 주석한 것으로 어려운 용어를 알기
쉽게 풀이하고 있다. 법칭 스님의 이름은 동인도까지 널리 알려져 아티샤(982~1054)
가 찾아와 20년간 연구한 후 티베트에 들어가 라마교를 개혁하였다.
　당시 불교학의 2대 중심지는 나란다 대학과 비크라마시라 승원이었는데 이 스님은
비크라마시라 승원 출신이었다. 법칭(法稱)의 저서가 티베트대장경에 들게 된 것도 아
티샤가 티베트어로 번역했기 때문이다.

　11세기 초엽까지 발전을 거듭하던 불교가 1025년경, 남인도 촐라의 침입하여 서서
히 국세가 기울어지기 시작하였다. 이와 함께 최전성기를 누렸던 불교도 왕조와 함께
시들어갔다.

4. 혼합불교의 멸망

　그후 라덴비자야에 1239년에 세운 마자파히트 왕조에 이르러 새로운 계기를 마련하
였는데 이것이 대승불교와 밀교와 힌두교의 혼합이다.
　특히 라덴비자야의 딸 자야비슈누 바르다니는 영명한 여왕으로 인도 신화의 미와 지
혜의 여신 라크슈미의 화신을 자처하여 그의 가족을 신격화하고, 절을 짓고 불상을 모
셔 숭배의 대상이 되었다.
　이 같은 예는 인근 캄보디아에서도 찾아볼 수 있는데, 왕들이 일종의 보살의 화신으
로 나타내고 있는 점이다. 때문에 많은 불교사원은 힌두화의 길을 걷게 되었으며, 신앙
의 형태 또한 샤먼화하기 시작하였다.

　1389년 하얌우르크왕이 죽자, 마자파히트 왕조는 급속히 쇠약해졌다. 문제는 왕자들

의 왕위계승전 때문이었다. 뿐만 아니라 이슬람 교도들이 결정적으로 침범해왔기 때문이었다.

인도네시아에 들어온 이슬람 교도들은 급속하게 교세를 확장해 1628년 마자파히트 왕조의 항복을 받고 사실상 이슬람 국가를 형성하였다.

이후 이슬람 세력은 자바와 수마트라 이외에도 보르네오 남부, 셀레베스의 마카사르 톨루카제도, 필리핀군도를 점령하여 불교적인 소제는 완전히 제거되었다.

이로 인해 인도네시아 불교는 쇠망하고 근래에는 힌두교와 기독교가 약간 있을 뿐, 이슬람교 일색으로 발전해 가고 있다.

이것은 근본교리를 상실한 불교가 무속화하면 반드시 망한다는 원리를 충분히 보여 주고 있는 증거이다.

5. 거대한 탑산 보로부두르(Borobudur)

자바섬 중부에는 유네스코 세계문화유산으로 지정되어 있는 거대한 불교사원이 있다. 족자카르타에서 서북쪽으로 40㎞ 정도 떨어진 곳에 있는 보로부두르 사원으로 9세기 무렵에 세워졌지만, 14세기 이후 불교와 힌두교를 믿던 자바왕국이 무너지고 인도네시아 전역이 이슬람교를 받아들이면서 밀림과 화산재 속에 묻혀 버려지고 잊혀졌다.

사원이 다시 외부 세계에 알려진 것은 19세기 초 래플즈 경(Sir Thomas S. Raffles)이라는 영국인에 의해서인데, 하늘에서 내려다보면 정사각형의 만다라 형상을 하고 있는 사원은 모두 9층(아래의 6층은 정사각형, 위쪽의 3층은 원형)으로 이루어져 있는데, 맨 아래층은 한 변이 118m나 되지만 위로 갈수록 조금씩 좁아지는 피라밋 모양을 하고 있다.

맨 꼭대기 층 가운데에는 거대한 종 모양의 불탑이 있고, 그 주위를 72개의 구멍 뚫린 작은 불탑 안에 불상이 모셔져 있다. 사원 전체가 머리, 몸통, 발에 해당되는 세 부분으로 나눠져 있다. 부조에는 석가모니 부처님의 탄생, 출가, 득도에 이르는 과정과 생사의 윤회, 지옥의 고통, 극락의 즐거움 등이 정교하고도 섬세하게 묘사되어 있어 마치 조각 그 하나하나가 부처님이 우리 곁에서 설법을 하시는 듯 느껴진다.

불교의 우주관과 사상이 이 건축물에 고스란히 표현돼 있는 것이다. 욕계, 색계를 벗어나 무색계에 이르면 어느덧 우리도 깨달음을 얻어 천상에 올라온 느낌이 든다. 6km에 달하는 사원의 벽은 그 규모를 짐작할 수 있게 하며, 전 세계의 불교 조각 중 가장 크고 위대한 작품으로 각각의 장면들이 모두가 탁월하게 예술적 가치가 높고 전 세계의 미술가들이 극찬을 하고 있다.

사원 전체의 벽면에는 부처의 일생이나 불교 설화를 묘사한 2,672개의 부조(浮彫)와 504개의 불상이 있어서 화려함을 더해준다. 그래서 여행자에게는 하나의 산봉우리가 된 것처럼 우뚝 솟아있는 거대한 사원을 바라보는 것만으로도 경이로울 뿐이다.

이러한 보로부두르의 거대한 석조 건축물은 누가, 언제, 왜 만들었나 하는 것은 나오고 있지 않지만 일부 학자들에 의하면 대승불교의 덕을 펴기 위해 8, 9 세기에 걸쳐 사일렌드라 왕조에 의해 건립되었다고 한다.

사일렌드라 왕국은 전형적인 불교 왕국으로 무역도 활발히 하여 당시 인도 등 주변 국가와도 교류가 잦았던 나라이다. 자바섬에서 번영을 누리던 사일렌드라 왕조가 멸망하면서 보로부드르 불교사원 역시 모습을 홀연히 감추었다. 보로부드르 사원의 이러한 소멸에 대해서는 화산폭발로 인한 자연재해로 발생했다는 설과 이민족이 침입하여 파괴했다는 설 등 여러 가지가 있다.

수백년간 사람들의 이목에서 완전히 사라졌던 보로부두르 불교사원이 다시 세상에 알려진 것은 1814년 발굴 및 탐사작업이 시작되면서부터이다. 이 작업은 당시 보로부두르 지역을 통치했던 영국의 스탬포드 래플스(T. S. Raffies) 총독이 역사적인 기록을 보고는 문화적인 가치가 높다고 판단, 유적 발굴지시를 내려 이루어진 것이다. 1835년에는 네덜란드 총독인 하르만의 명령으로 복원 공사도 이루어졌다.

유럽인들이 보로부두르 사원에 좋은 일만 한 것은 아니었다. 일부 몰지각한 유럽인들은 불상의 머리와 손을 절단하여 돈을 받고 다른 나라로 유출시켰다. 이로 인해 보로부두르 사원을 돌아다니다 보면 의외로 많은 불상의 목과 손이 없는 것을 발견하게 된다.

발굴 후에도 풍화작용과 뜨거운 햇볕으로 붕괴의 우려가 있었다. 하지만 세계적인 문화유산을 보존한다는 취지에서 유네스코가 자금을 지원, 10년간의 복구공사를 하여 1983년부터는 한결 다듬어진 모습으로 방문객을 맞고 있다. 아득한 옛날 이처럼 장려한 건축물을 만든 것도 신비스럽지만 발굴되기 전까지 어떻게 천년 이상의 세월을 남국의 흙더미 속에서 파묻혀 있었을까도 큰 의문점이다.

캄보디아의 앙코르 와트, 미얀마의 바간과 함께 3대 불교유적으로 꼽히는 보로부두르 사원은 인도네시아의 수도 자카르타에서 동남쪽으로 약 400㎞ 떨어진 족자카르타 지역 12,000㎢에 이르는 거대한 땅에 약 100만개의 돌덩이를 이용해 쌓아 올린 9층 사원이다.

보로부두르는 사원이라고는 하지만 테라스와 회랑 뿐 내부공간이라고 할 만한 데가 없어 사원이라기보다는 입체 만다라라고 보는 것이 더 적합할 것 같다.

비슷한 시기에 조성된 앙코르의 유적들은 모두 사원 내부에 공간들이 있는 것과 비교하면 보로부두르는 기존의 개념을 완전히 벗어나는 파격적인 건축물이다. 건축물이라기보다는 그 자체가 거대한 하나의 스투파(불탑)로 불교의 우주관을 상징하는 만다라나 수미산을 표현하고 있는 듯 하다.

그 자체가 하나의 불탑이면서도 그 위에 수많은 불탑들을 가진 특이한 구조이다. 보르부두르는 위에서 내려다 보면 구조가 밑받침인 1층에서 2층까지의 기단과, 3층에서 6층까지의 방형단(복도, 회랑) 그리고 그 위로 72기의 스투파(불탑)가 있는 원형단의 세 단계로 구성되어 있다.

72기의 스투파 안에는 모두 크기가 똑같은 부처님이 앉아 계신다. 그리고 스투파가 있는 원형단의 위, 정상에는 다시 하나의 큰 스투파를 세워 천상세계를 나타내었다. 이 중앙 탑에는 대일여래를 모시는 공간이 만들어져 있는데 이는 같은 지역권이면서도 이슬람화 되지 않은 모든 동남아 국가들이 믿고 있는 부파불교, 즉 소승불교와는 달리 대승불교의 진수를 나타내는 공(空) 사상을 강조한 것으로 자바불교의 특징이다.

하지만 발굴 당시부터 중앙탑의 속은 비워져 있어 현재까지 의문으로 남아 있다. 최초 발견 후 오랫동안 방치되었던 보르부두르 사원은 예부터 도벌꾼들과 골동품 수집가들의 좋은 먹이감이었다.

거기에다 영국, 네덜란드, 일본의 식민지를 거치면서 그 나라들의 정부 관료들까지 보로부두르의 수많은 조각품들과 유물들을 약탈해갔다. 아마 중앙 탑의 대일여래 부처님도 그렇게 사라지지 않았을까 추정된다.

유네스코 세계문화유산 지정, 기네스북에 세계최고의 고대 불교사원으로 등재된 인도네시아의 보로부두르 사원은 천상의 세계를 지상에 구현하고 싶어 했던 자바인들의 대승적인 염원에 의해 이 세상에 나오게 되었다고 추측해 본다.

보로부두르 사원

제8편 부처님께서 탄생한 네팔 불교

네팔은 부처님께서 탄생한 나라이다.
원래는 인도였는데 방글라데시와 함께
종교 분쟁으로 독립한 나라이다.

룸비니는 부처님 외할머니의 별장이 있는 곳이다.
산기(産氣)가 있어 친정으로 가다가 별장에서 부처님을 낳았다.

비두우바다에 의하여 까삘라국이 멸망하고 잡초밭이 되어 있었는데
아쇼카왕이 와서 1보 1배하고 돌기둥을 세움으로써
세계적인 성지가 되었다.

우탄트 UN사무총장에 의해 세계문화유산으로 지정된 이래
세계 16개국 사원이 건립되었고,
지역주민들의 영양개선이 이루어지고
공동위생시설과 박물관, 도서관이 만들어지면서
국제적인 관광도시로 성장하였다.

카트만두에는 스와얌푸 사원을 중심으로 2,500개나 되는 절이 있어
불교, 힌두교 신자들의 성지순례 코스가 되어 있는데
특히 파탄에는 아쇼카왕의 불탑이 남아 있어 유명하다.

1. 룸비니의 불교 성지

네팔은 부처님께서 탄생한 곳이다. 원래는 인도의 영토였는데 방글라데시, 파키스탄, 아프가니스탄과 함께 종교사상 때문에 분리된 나라이다.

히말라야를 배경으로 동남 구릉지대에 위치해 있는 네팔은 국토면적이 14만㎢에 인구가 2천 9백만명에 달하는 나라이다.

몽골계의 티베트족, 미얀마족 등 여러 민족이 혼합되어 민족적 토착 신앙을 바탕으로 힌두교와 라마교가 한데 섞여 있는 상황이다.

북부 산악지대 셀퍼들이 사는 고지대에는 티베트인들이 많아 자연히 라마교가 성하고, 남부 힌두스텐 평야의 저지대에는 힌두교를 신봉하는 인도인들이 많다.

부처님 탄생지인 룸비니를 국경 안에 두고 있어 이렇게 힌두교와 라마교 속에 있으면서도 남부 타라이 지방은 세계적인 불교 성지로 널리 알려져 있다.

19세기 이전까지 이곳은 매몰된 덩굴밭이었다. 8세기 이곳을 순례한 혜초(慧超) 스님의 왕오천축국전이나 13세기 이곳을 다녀간 티베트의 다르마스마빈, 현장법사 법현 스님 등에 의해 이미 황무지가 되어있음을 알 수 있다. 이슬람 교도들의 무지에 의한 소행으로 파괴되었다는 것이 역사가들의 추론이다.

그런데 1896년 고고학자 퓨라 박사가 이곳 유적을 발굴하면서, 아쇼카왕이 세운 석주(石柱)를 찾아내고, 이곳이 룸비니임을 확인되어 1970년대 우탄트 전 UN사무총장에 의해 복원되었다. 이곳에는 룸비니 개발위원회 사무실과 티베트 사원이 지어졌다가 지금은 세계 29개국 사찰들이 건설되어 있다.

그러면 네팔 불교는 언제 들어왔을까.

2. 말라 왕조와 불교

등잔 밑이 어둡다고 부처님은 네팔에서 태어났으나 초창기 불교는 마가다국과 사위성, 베실리성을 중심으로 5천축에 널리 퍼졌으나 정작 네팔에는 인도의 힌두교가 자리를 잡아 지금도 힌두교 왕국을 이루고 있다.

네팔 시내 스와얌브나드 스투파(일명 眼塔)는 부처님의 지혜의 눈을 상징한 탑으로 1세기경 건립되었다고 하나 그 탑의 형식이 밀교의 영향을 크게 받은 것으로 보아 티베트 불교와 연관이 있는 것으로 추정된다. 20m 높이의 이 탑에는 4각탑신 위에 9개의 상륜이 있고 동서남북 사방으로 네 개의 눈이 그려져 있으므로 눈탑이라 부르고 있다.

네팔은 6세기경 네팔벨리에서 여러 개의 부족국가가 생겨났는데 그 중 가장 오랜 역사를 가진 나라가 카리티족의 리차비 왕조(300~800)와 다크리 왕조(800~1200)이며, 뒤를 이어 유명한 말라 왕조가 18세기까지 계속되었다.

말라 왕조는 전기(1200~1480)와 후기(1480~1750)로 나누는데, 이 시대에 '네팔불교'라고 할 만한 특징과 문화가 확립되었다.

불교가 갠지스 강가에서 생겨 전 인도와 동남아 일대로 퍼질 때 네팔도 다소 영향을 받았으나 주마간산(走馬看山) 격으로 흘러간 네팔 불교는 원시불교, 부파불교, 대승불교가 차례로 지나갔지만 그들과 제일 가까이에 있는 티베트불교가 들어와 힌두교와 혼합하여 티베트식 라마불교(苯敎)로 변질되었다.

그래서 현재 남아있는 네팔 사찰들은 거의가 관세음보살의 화신으로 탄생한 달라이라마를 믿고 그의 가르침을 중히 여긴다.

달라이라마는 이곳에 정착하였다가 티베트가 공산화되자 다시 인도로 옮겨간 것이다.

14세기 벵갈 지방으로부터 이슬람군이 카트만두에 이르러 불교사원을 파괴하고 행정기구를 마비시켰는데 14세기말 강직한 시티말라 왕이 네팔을 재통일하고 불교를 꽃피게 하였다.

카트만두 동남 바드기온과 파탄에는 말라 왕조 후기에 만든 3~4층의 삿갓 지붕 불교·힌두교 사원이 있고, 특히 파탄에는 원숭이신을 모신 힌두사원 옆에 마하붓다 사원이 건립되어 4천개의 불상이 벽돌 하나하나에 조각되어 있다.

네팔밸리에도 이같은 절들이 2,500여개가 넘게 있는데 힌두사원인지 불교사원인지 구분이 잘 되지 않는다. 불교의 신전에도 힌두교 성력파(性力派)의 주세불과 육감적인 미녀들이 주위를 감싸고 있기 때문이다.

말라 왕조가 18세기 왕위계승을 둘러싸고 분쟁이 생겼을 때 호전적인 쿠르카족이 침입하여 왕조의 종지부를 찍고 반공산화 되었다가 지금은 중국의 영향으로 중국적 공산주의를 선택하고 있다.

그러나 전통적인 티베트 라마불교가 시대, 정치에 관계 없이 오직 수도·정진함으로써 네팔 불교는 룸비니 불교와 함께 새로운 면모를 갖추어가고 있다.

스와얌브나드 사원에 설립된 불교학교는 젊은이들을 일찍부터 교육하며 사원 의식과 종교 예절을 가르쳐 많은 변화를 가져오고 있다. 특히 룸비니의 한국 사찰은 네팔 승려들의 정신적 교육터가 되어 주기적으로 교육함으로써 새시대 새불교인을 길러내고 있다.

3. 룸비니 국제불교협회

회장 마이트리 스님은 네팔 불교의 목표를 다음과 같이 정하고 있다.

① 인근 지역 사회의 공중위생시설 개선
② 순례자를 위한 도서관 건립
③ 순례자를 위한 안내
④ 순례자를 위한 숙박시설 개선
⑤ 식수시설 개선 확장
⑥ 교육 및 장학제도 확립
⑦ 비구 승려 교육센터 건립

유네스코 세계문화유산으로 등재되어 이는 룸비니 공원은 부처님의 탄생지로서 서부 네팔에 위치해 있다. 고대 카필라바수트 왕국의 수도였던 이곳은 세계 모든 불자들의 성지이긴 하지만 높은 문맹율과 가난으로 인해 주위의 지역민들은 공중위생을 시작으로 20세기의 과학문명의 혜택에서 멀리 떨어져 있다.

2001년에 시작한 "한 숟갈씩" 프로그램은 인근 지역민들의 공중위생시설의 개선에 앞장서고 있으며, 특히 카필라바수트 지역의 어린이들을 영양실조의 상태에서 구제하는데 커다란 노력을 경주하고 있다.

이 프로그램은 위생 상태의 개선, 영양실조로부터의 구제, 무료의료봉사, 계속되는 교육을 통해 지역민들의 공중위생에 대한 개몽, 그리고 지역 마을의 공중위생 시설 개선 등에 힘을 경주하고 있다.

오늘날 룸비니 동산 내에는 다음과 같은 각국 불교 사찰들이 건설되어 있다.

① 네팔 사원 2   ② 티베트 사원 2 ③ 네팔 비구니사원   ④ 미얀마 명상센터
⑤ 머낭사원   ⑥ 한국 사원   ⑦ 중국 사원   ⑧ 태국 사원
⑨ 오스트리아 사원   ⑩ 프랑스 사원   ⑪ 베트남 사원   ⑫ 일본 사원
⑬ 독일 사원   ⑭ 미얀마 사원   ⑮ 티베트 사원   ⑯ 스리랑카 사원

기타 시설
① 룸비니 박물관   ② 룸비니 도서관 등이다.

이 가운데서 한국 사원 '대성석가사'가 가장 크다. 3만여평의 대지에 5천평이 넘는 절을 지어 룸비니에서 일어나는 대부분의 행사는 대성석가사에서 치뤄지고 있다.

룸비니 옛 절터

석가모니가 도를 깨우친 보리수나무의 손자나무. 나이는 500살.

중화사(중국사원)

부처님이 탄생한 마야데비 사원

룸비니 개발을 최초로
추진했던 우탄트 유엔
사무총장

수학여행 나온 인도의 학생들

도문스님의 문도들이 건평 5,000평 규모로 지은 대성석가사

은빛 찬란한 히말라야

대중 공양하는 네팔 스님들

제9편 신비의 부탄 불교

일찍이 인도 센다갑은 부탄 붐탕에 와서
나라를 세우고 그 이름을 신두라자라 하였는데
선주민 큰코족이 16명의 권속을 죽여 시체까지 버리니
초인 파드마삼바바가 금강저로 마왕의 항복을 받아
호법신장이 되게 하였다.

8세기 연꽃 속에서 태어난 구루린포체가
낭다르마 트리송데첸왕의 배척으로
티베트에서 부탄으로 추방되자 보태족은 국가를 통일한 뒤
샤브드룽의 후원을 받아 금강승 불교로 통일시켰다.

그후 부탄은 영국의 지배를 받으면서 갖은 고통을 받았으나
1949년 독립함으로써 국방권과 외교권을 갖게 되었다.
그러나 아직도 산악 지역의 민속신앙이 왕성하여
라마불교는 크게 힘을 쓰지 못하고 있다.

1. 신화 시대의 부탄 역사

인도 출신 센다 갑은 일찍이 부탄에 와서 중부 붐탕에 나라를 세우고 스스로 '신두라자'라 하였다.

이렇게 되자 남부 '큰코족(나오체족)'과 앙숙이 되어 날마다 싸우게 되었다. 이에 큰코족이 신두라자의 집을 점령하여 아들 16명과 그의 추종자들을 죽이고 그 주위를 어지럽게 하니 죽은 아들의 시신조차 찾지 못하여 충격을 받은 신두라자는 그만 미쳐서 돌아다니다 붐탕 지역을 장악하고 있던 마왕 셀킹카르포의 거처를 더럽히고 말았다. 이에 마왕은 분노하여 암흑천지를 만들고 신두라자를 죽이려고 하였는데, 그의 신하 중 하나가 간절히 파드마삼바바를 부르며 왕의 목숨을 구해줄 것을 기도하니, 초인 파드마삼바바가 바로 붐탕에 나타나 금강저를 꼽고 깊은 명상에 들었다. 그 위력에 놀란 마왕은 일단 동굴로 몸을 숨기고 후퇴하였다. 파드마삼바바는 앉아있던 바위에 자신의 형상을 남기고 궁전으로 가서 신두라자의 딸 타쉬쿠에돈과 결혼한다. 그리고 그 여인을 황금물병 속에 담긴 생명수가 있는 곳으로 보낸 뒤 파드마삼바바는 마왕이 숨은 동굴 입구에서 여덟가지 형상을 나타내며 춤을 추었다.

이 광경을 모든 신들이 구경하였지만 마왕 셀킹카르포는 바위 뒤에 몸을 숨기고 몰래 지켜볼 뿐이었다. 마침내 공주가 황금물병을 구해 오자 파드마삼바바는 공주를 다섯 명의 황금 물병을 들고 있는 공주로 변신시켰다. 공주의 분신들은 물병으로 햇빛을 반사시켜 동굴 안을 비춰 마왕을 유인한다. 서서히 해가 저물자 마왕은 하얀사자로 변신해 공주 앞에 나타났다. 파드마삼바바는 이때를 놓치지 않고 거대한 독수리(가루다)로 변신해 날카로운 발톱으로 마왕을 잡아채어 하늘로 올라가 비로소 항복을 받았다. 이렇게 하여 다시 생명을 얻게 된 신두라자는 평화 속에서 정적 남부탄 왕과 함께 불법에 귀의하였다. 이것이 마왕 셀킹카르포가 불법의 신장이 된 동기이다. 한편 파드마삼바바는 불법의 수호신이 되겠다는 마왕의 약속을 증명하는 의미에서 자신의 지팡이를 땅에 꽂았는데 그 지팡이에서 잎이 솟아나 큰 나무가 되었다고 한다. 바로 쿠르제라캉 입구에 서있는 커다란 사이프러스 나무다. 쿠르제라는 이름의 '쿠르'는 '몸'이라는 뜻이며 '제'는 '흔적'이라는 뜻으로 파드마삼바바의 형상이 남아있는 곳임을 뜻한다. 그 그림자가 새겨진 바위 위에 세워진 것이 지금 붐탕의 '쿠루제라캉' 사원이다.

이렇게 부탄에 불법을 전한 파드마삼바바는 티베트의 트리송데첸 왕의 요청으로 티베트 삼예 사원에 들어가 어지럽게 흩어져 있던 불사를 완성하고는 다시 부탄 룬체에 있는 싱게드종을 경유하여 동부탄 곰코라로 와서 바위에 자신의 몸과 모자를 쓴 머리 형상을 남겼다. 그리고 자신의 여덟가지 형상 중 하나인 도르지 드락포로 변신하여 암호랑이를 타고 파로에 있는 탁상으로 날아가서는 거기 있는 잡신들을 신통력으로 항복시키고 다시 티베트로 돌아가서 트리송데첸 왕의 재임기간 동안 머물다가 왕의 아들 무트리첸포 왕이 집권하고 있을 때 세 번째 부탄을 방문하여 부탄 불교를 완성하였다.

'구루린포체'라는 별칭으로 더 널리 불리는 파드마삼바바는 8세기 인도의 수행자로 인도 밀교를 처음 티베트에 전한 인물로 알려져 있다. 그의 이름은 '연꽃 속에서 태어난 자'라는 뜻이며 '구루린포체'라는 별칭에는 '소중한 스승'이라는 뜻이 담겨 있어 그가 곧 부처님의 화신이라는 믿음을 말해주고 있다. 파드마삼바바의 정확한 행적은 알려지지 않고 있지만 티베트를 비롯한 히말라야 일대에는 그와 관련된 무수한 이적이 전해지고 있으며 그가 수행하거나 창건한 것으로 전해지는 사원들도 산재해 있다. 파드마삼바바가 티베트불교, 나아가 히말라야 불교문화권 형성에 결정적 인물이었음을 말해주는 것이다.

2. 부탄과 티베트 불교

티베트의 트리송데첸 왕의 손자 랑 다르마 때 뜻밖의 법난이 일어나 절과 스님을 배척하고 그의 동생 탕마 왕자를 부탄으로 추방시켰다. 이때 그와 함께 많은 티베트 스님들이 서부탄으로 이주하여 보태족이 형성되는데, 이들이 현재 부탄 국민의 65%를 차지하고 있다. 부탄 지역에서 9세기경부터 17세기까지 약 8백년간 여러 골짜기마다 각기 다른 부족국가들이 형성되었는데, 이때의 부탄은 아직 통일국가가 생기지 않고 있었다.

한편 붉은 모자를 쓴 닝마파(홍모파) 스님들이 108가지 수행법으로 다양한 탄트라를 실천하고 있을 때, 대부분의 스님들은 시골의 동굴 속에서 파드마삼바바가 수행하듯이

검소한 절제 생활을 하였다. 그들 가운데는 파드마삼바바가 그랬듯이 결혼도 하고 농사도 짓는 스님들이 많았다. 대부분의 경전은 비전되고 비밀문자로 남겨졌다. 이것이 닝마파의 발전을 저해한 원인이다.

다음 카담(계율)파는 10세기경 아시타 스님에 의해 창시되는데 홍모파와는 달리 철저한 계율로 금욕적 생활을 강조하였다.
① 육체적인 순결　　② 금주(禁酒)　　③ 여행 금지　　④ 무전(無錢)
이것이 티베트 불교를 정화한 좋은 약이 되었지만 혹독한 계율로 인해 15세기에 와서 결국 거대 종파인 겔룩파에 합병된다.

한편 달라이라마와 판첸라마가 속해 있는 겔룩파(황모파)들이 노랑 모자를 쓰고 나타났다. 14세기 초 샤카, 카담, 카규파를 두루 섭렵한 총카파가 높은 경지에 있는 스님, 즉 법사를 인정하는 시험 제도를 만들고 승려 양성소인 간덴사를 화사 부근에 지어 많은 인재를 양성하였다. 또 드레퐁 승원, 세라 승원, 시갓체의 타쉬훙포 사원을 차례로 짓고 양성된 제자들을 각각 배치하니 그 수장을 장차 달라이라마(지혜의 바다 : 위대한 스승 : 관세음보살의 화신)라 부르게 되었다.

다음 샤카파는 11세기 콘쵸크겔포(1034~1102)에 의해 창시된 종파로서 그의 스승이었던 샤카예쉐의 이름을 따서 샤카파로 불리운다.
승려의 체계적인 교육으로 경전과 탄트라 계율을 배워 불교 뿐 아니라 철학·논리학·문학·예술·산스크리트어까지 가르쳐 세속적인 정치 무대에까지 나서게 하였다.
겔룩파 이전 가장 유력한 티베트의 종교 세력이었던 샤카파는 15세기 초 겔룩파에 의해 중앙 정치 무대에서 밀려나게 되는데 겔룩파를 창시한 총카파도 실은 샤카파 출신 스님이었다.

다음 카규(은밀한 전달)파는 은밀히 밀교를 전승하는 종파이다. 스승으로부터 제자에게 1대1로 법을 전달받는 전통을 갖고 있어서 누구도 그 속내를 알 수 없었다. 인도 요가의 대스승인 마르빠(1012~1093)에 의해서 발전된 것으로, 결혼이 허락되었다. 그의 제자 가운데에는 유명한 음유시인이자 철학자 밀라레빠가 있고, 밀라레빠의 수제자 감뽀빠는 카규파의 은밀한 경전을 체계있게 정리하여 그의 많은 제자들에게 전승하였다.

그들은 드리궁, 타클궁, 라룽 승원 등을 건립하여 지금도 은밀히 그들의 비전을 보관해 오고 있다. 이 비전을 전승받은 샤브드룽이 장차 부탄을 티베트로부터 해방시킨다. 카규파의 전통은 탄트라 요가 수행법, 즉 호흡과 자세에 그 특기가 있다. 나로빠에 의해 정리된 6가지 요가 비법은 아직도 카규파와 부탄 불교에 큰 영향을 미치고 있다.

① 뚬모 – 스스로 온기를 만들어 냄
② 환신(幻身：分身) – 육체를 유혹시키는 헛된 환영
③ 몽환(夢幻) – 윤회적으로(또는 카르마에 의해) 제약된 모든 체험은 몽상
④ 정광명(淨光明) – 모든 인간이 죽음의 순간에 잠시 체험하는 빛의 향유
⑤ 중유(中有) – 죽음과 환생의 중간을 넘나듦
⑥ 포와(의식전이：意識轉移) – 생전에 성불하지 못하면 환생하여 선도에 태어나기 위해 미리 해두는 수행

이 6가지의 단계를 모두 넘어서면 완전한 해탈, 즉 위빠사나에 이른다고 한다. 이렇게 사제지간이 은밀히 전승하는 카규파의 전통은 결혼하고도 관계없이 수행했던 마르빠를 통해 순결과 독신 그리고 승려의 집합체를 요구하지 않았다. 오직 스승과 제자에게서만 은근히 전수되었기 때문이다. 그래서 그 가운데서 자연스럽게 만들어진 파가 죽은 뒤 다른 사람의 몸을 빌려 다시 태어난다는 린포체 신앙을 믿는 카르마파이다. 이 신앙은 현재 17대의 카르마파라마를 탄생시켰고, 17대 카르마파라마는 티베트에서 인도로 망명하여 달라이라마가 머물고 있는 인도 다람살라에 현재도 살고 있다. 대부분 이 신앙은 시킴 지방에 많이 퍼져 있으며 드리쿵파, 드럭(용)파도 같은 신앙을 가지고 있다.

3. 샤브드룽의 통일불교

이렇게 복잡하게 뻗어나간 부탄 불교는 근래 200여년간 혼란 가운데서 유행하다가 샤브드룽에 의해서 통일되었다. 그런데 1651년 그가 갑자기 푸나 카드종으로 은둔, 54년만인 1705년에 제켐포(승원장)가 죽음을 선포하고 그의 부활을 예언하였다. 그는 그

후 불멸의 성인으로 부탄의 수호신이 되었다. 이로 인해 정치의 최고권력자인 데시로 등극한 자들마다 자신이 샤브드룽의 화신(린포체)이라 자처하였다.

그동안 린포체로 인정받은 여섯 분의 데시도 그와 같은 힘을 쓰지는 못하였다. 200 여년 동안 무려 55명의 데시가 출현하였고, 4대 걀세텐진이 14년, 13대 셰랍왕축이 20년을 채웠을 뿐 대부분의 데시들이 임기도 못 끝내고 사임하든가 반대파에 의해 숙청되었다.

이렇다보니 반대파에서 3번이나 티베트에 원군을 요청해 티베트가 부탄을 세 번이나 침범하였고 마침내는 청나라 원군이 오기도 하였다. 이런 와중에도 부탄의 데시들은 티베트의 판첸라마, 네팔의 나라야사, 벵갈의 왕과도 조약을 맺고 오히려 그들에게 부탄 문화를 전해주기도 하였다. 이중 벵갈의 쿠치비하르 왕국은 부탄의 간접 지배를 받았다. 왕실이 위험할 때는 군대를 보내 왕실을 보호하고, 부탄에 비우호적인 왕이 들어서면 무력으로 왕을 바꾸기도 하는 등, 여러 이유로 부탄 군대가 쿠치비하르 영토 내에 항상 주둔해 있었다.

4. 영국과의 전쟁

이 문제로 인해 급기야 영국이 개입한다. 1790년 벵갈에 진출해 있던 영국 동인도회사가 있었는데 1972년 쿠치비하르 왕이 자신의 나라에서 부탄군을 축출해 달라고 요청하자 영국 총독 워렌 호스팅은 그 대가로 세수의 반을 받아가기로 하는 터무니 없는 계약을 맺고 쿠치비하르를 돕기로 하였다. 먼저 왕권을 회복시켜주고 5만 루피를 받았으나 쿠치비하르 왕이 채 1년도 버티지 못하자 다음에는 그 통치권까지 대리로 맡게 된다. 벵갈을 손에 넣은 영국은 부탄을 더욱 거세게 압박하였다.

1773년 1차 전쟁을 통해 부탄 남부 푼출링 수비대를 격파하고, 산악 지방으로 부탄군을 밀어내고, 같은 해 벌어진 2차 전쟁 때 지금의 시킴 지방까지 함락시켰다. 이 사건으로 제 16대 데시가 반대파에게 실각되었다.

다음 17대 데시는 먼저 영국과 평화조약을 맺는 한편 티베트 판첸라마의 원조를 요청하여 우호를 맺게 된다. 캘커타에서 편지를 받은 영국 총독은 1974년 4월 부탄과 평화 조약을 맺었는데, 그 내용은 부탄이 동인도 회사의 국경을 넘지 않도록 하고, 부탄에서의 동인도회사 목재채취를 허락하였으며, 동인도회사가 부탄을 통해 티베트와 무역할 수 있도록 무역로를 개방하는 등, 일방적인 조약을 체결한 뒤 부탄 영내에서 철군하였다.

이렇게 해서 동인도 회사는 티베트와 무역을 시작하였고 1774년 5월 영국 조지 보들이 군인들을 이끌고 부탄을 경유, 티베트로 들어간다. 이것이 부탄에 외국인이 최초로 들어오게 된 동기이다.

이때부터 부탄은 정치적 혼란이 계속된다. 1825년 영국과 미얀마 전쟁이 일어나 미얀마가 패배하자 미얀마의 영토지만 아쌈과의 장기 계약을 통해 부탄의 영토와도 같았던 생명줄(세계 최대의 차재배지)인 아쌈 두어와 벵갈이 영국으로 넘어가고 말았다.

아쌈 두어는 차 재배의 최적지이지만 모기가 너무 많은 정글 지대이기도 했기에 장기간 영국군이 주둔하기 힘들어지자 모기가 들끓는 여름에는 부탄 사람들에게 할애하고 차 재배에 적합한 겨울에는 영국인들이 사용한다는 새로운 조약을 맺었다. 그대신 부탄 사람들에게 금과 전투용 칼, 모포, 사향 등을 요구하였지만 부탄 사람들은 이에 반항하여 질이 떨어지는 물품과 얼룩말로 그 대가를 치렀고, 영국군은 그 보복으로 서쪽의 부리강가 두어를 점령하였다. 얼마 후 부탄은 결국 2만 루피를 배상하고 부리강가 두어를 되찾았으나 영국은 군사 행동을 멈추지 않았다.

서쪽을 공격했던 영국은 이번엔 동쪽 데오탕 지방을 공격하여 2년만에 두어를 빼앗아가고 말았다. 그러나 영국인들은 데시의 요구를 받아들여 부탄인들에게 자치권을 부여하였고, 20년간 평화를 유지하였다.

그런데 1840년 영국이 다시 공격을 시작하여 대부분의 두어를 점령하고 배상금 만 루피를 받고 다시 돌려주었다. 내 땅을 빼앗기고 배상금까지 내다니 기가 막힌 일이었다. 그런데 1857년 인도 전역에서 폭동이 일어나자 그쪽으로 상당수의 군인들을 투입하였고, 1861년 부탄이 벵갈의 쿠치비하르를 급습하여 많은 코끼리와 인질을 잡아왔다.

한편 이때 겨우 18세밖에 안되는 나이 어린 데시가 들어서니 전국 성주의 협의회인 레갈 숭촉이라는 조직의 수장이 수렴청정을 하게 되면서 파로와 통사의 성주가 실세를 잡고 그 아래 지방 성주들이 연합하는 형국으로 두 파간의 끝없는 싸움이 전개되다가 최종적으로 통사파가 승리하여 통사의 성주인 '지그메 남걀'이 부탄의 최고 권력자가 되었다. 그가 통치하던 57년간은 불세출의 영웅 샤브드룽이 은퇴한 뒤 처음으로 맞은 평화의 시대였다.

한편 영국은 인도 전역에서 번지는 폭동을 진압하고 시킴 지역을 점령하고자 영국대표부를 시킴 지방에 설치하기 위해 사절단을 보내겠다고 통보해왔다. 부탄에서는 날씨와 상황을 핑계로 오지 않는 것이 좋겠다 답변하였으나, 영국은 답변을 무시하고 애슐리 에덴을 사절단장으로 하여 1864년 11월 당시 수도인 푸나카에 도착했다. 대기 장소에서 데시를 기다리는 동안 사절단장 에덴은 날씨를 빗대어 모욕적인 발언을 하였고, 부탄 측은 그 보복으로 사절단을 뜨거운 햇빛 아래 장시간 세워둔다. 서로 험악해질대로 험악해진 분위기 속에서 사절단장 에덴은 최고 권력기관인 레갈 슝촉에 조약서 사본을 보내고 사인하라고 압력을 넣는데, 부탄 측은 즉각 이의를 제기하고 모든 부탄의 두어를 조건 없이 부탄에 돌려준다는 내용의 새로운 조약서를 만들어 돌려보낸다. 아울러 부탄 측은 사절단의 경호를 핑계 삼아 살벌한 분위기를 조성하자, 신변에 위협을 느낀 에덴은 조약서에 싸인을 하게 된다. 그러나 영국은 살벌한 분위기 하에 싸인하게 한 것을 문제 삼아 조약을 파기하고 다시 시킴 지역인 벵갈 두어를 빼앗아갔다. 이에 당시 부탄의 최고권력자인 통사 성주는 전쟁을 하여 다시 벵갈 두어를 되찾고 대포 두 정을 포획하였으나, 부탄은 다시 정비한 영국군에게 점령되어 남부에 위치한 상당수의 사원과 요새가 초토화되었고 마침내 굴욕적인 합방문서에 싸인을 하여 신추라 조약을 맺게 된다.

이로서 영국은 오랜 세월 부탄 남부의 평원 지대, 두어를 소유하게 되고 영원히 부탄과 자유무역을 하게 되었다. 1910년 푸나카 조약을 통해 외교권을 영국에게 넘겨주고 두어의 배상금은 배로 인상되었지만, 영국의 부탄에 대한 내정 간섭을 거두고 부탄 내에서 군대를 철수한다. 1949년에는 인도가 영국으로부터 독립한 후 인도에 국방권과 외교권을 위임하는 조약을 맺으면서 8월 8일 드디어 독립을 이루게 되었으며, 그것이 오늘날까지 이어지고 있다.

5. 지구메 도르지 왕축 왕과 부탄 불교

부탄 불교는 금강승불교이다. 국민의 4분의 3이 금강승불교에 귀의하여 있다. 물론 부탄 불교의 금강승은 티베트에서 연유된다. 그러나 종교의식과 승원운영 면에서 보면 두 나라의 금강승은 뚜렷한 차이를 보이고 있다.

부탄 정부는 불교를 국가 종교로 인정하고 매해 거액의 보조금을 지출하면서, 불교 승원, 사찰, 비구 출가자와 비구니 출가자들을 보호한다. 오늘날 지구메 도르지 왕축 왕의 통치 하에 와서는 불교를 국가 종교로서 크게 후원하면서 1만상의 청동불상을 조성하였고, 부처님 말씀을 엮은 카규파의 경전 108권을 우아하게 필사하여 출판하였으며, 225권의 논장도 출판하였다. 뿐만 아니라 수 없이 많은 원탑들을 조성하였다. 국회와 국왕의 자문기관의 대표로서 기존권을 행사하는 불자 출신들이 사회의 모든 부분을 대표하며 공공정책 수립에 막대한 영향력을 행사하고 있다.

승단의 구성은 1989년에는 1천명(라마 또는 겔룽, 행자 등)이 팀푸와 푸나카 승단의 중앙승원에 소속되어 있으며, 4천명에 달하는 스님들이 각 지방에 산재해 있는 승원에 소속되어 있다.

종정 제켐포 스님의 지도 하에 다섯 수장이 각 분야 - 종교전통, 종교 의식, 경전 발전, 논리학 및 승원대학을 책임지고 있으며, 그 가운데 도르지 론퐁(大宗師)이 제켐포(宗正)의 후계자가 된다. 이 다섯 수장 예하에 종교행정을 책임지는 스님들과 그 아래에 불교예술, 음악 그리고 여타 분야를 담당하는 승단요원들이 있다.

겔룩파의 출가자는 비구로서 결혼이 허락되지 않으며, 닝마파 승단은 스님뿐 아니라 재가자 불자도 포함되어 있다. 닝마파 승단의 스님들은 결혼이 허락되며, 세속 기관에 고용될 수도 있고, 사찰과 가정에서 불교의식을 집행할 수 있다. 1980년도에 실시한 조사에 의하면 당시 부탄에는 거의 1만 2천의 출가 스님들이 등록되어 있었다.

한편 부탄에는 활동적인 비구니 승단도 존재한다. 그러나 정확한 비구니의 숫자는 알 수 없다. 거의 모든 부탄의 불자들은 티베트 금강승의 한 종파 카규파 종파인 두룩파에 속한다. 카규파는 경전이 구전으로 전해오는 것이 특색이다.

2008년 7월 이후 부탄의 비영리 종교단체인 멘종 추툰 쏭파가 왕의 지시에 의해 결성되었으며, 이 단체는 오랜 역사를 지닌 부탄에서 자생한 불교의 전통유지와 발전을 위해 노력하고 있다. 70대 법왕이 루쿠 지그매 초드락 생불(린포체)에 의해 리진 세링 린포체가 이 단체의 장으로 선임되었다.

리진 세링 린포체는 임명 후 2004년에는 왕의 후원 하에 부탄 도르덴마 유업(遺業) 재단을 설립하였다. 이 재단의 설립 목적은 파드마삼바바의 계시의 실현을 목표로 세계 평화와 행복을 위한 것이며, 이것이 바로 도르덴마 계획의 완성이다.

6. 하브룽과 부탄 불교

1907년 이전에 부탄 최고의 불교지도자는 부탄의 창건자의 화신인 하브룽이었다. 하브룽 스님의 계시에 의하면 자신의 계시가 7번째 화현에서 이루어져 지구상의 전 유정에게 행복을 가져다 줄 것이라 하였다.

부탄 승단에는 비구 승원과 비구니 승원이 곳곳에 산재해 있다. 비구와 비구니는 모두 삭발을 하며 오렌지색의 승복을 착용한다. 출가자는 승원에서 학습과 명상을 주로 하며, 여러 보살들을 위해 의식을 거행하고 영가를 위해 기도를 하며, 병자를 위해 보살들에게 도움을 청한다.

스님들의 기도는 진언염송과 콘치조개를 불면서 범패를 하며 인간의 대퇴부를 사용하여 만든 나팔을 불기도 한다. 또한 의식에 사용되는 악기로는 3m가 넘는 긴 나팔과 북 그리고 심벌스, 요령, 사찰의 범종, 북, 나무 막대기 등을 악기로 사용한다.
이러한 악기들의 연주 소리는 민가에서는 쉽사리 들을 수 있는 것은 아니지만 이러한 음악은 강한 역동성을 제공하며 유사한 티베트 종교음악보다 한결 고운 음악성을 지니고 있다.

불교사찰 건축과 사찰기구는 백성 모두가 불교를 수용할 수 있도록 각종 상징과 건축 양식이 사용되고 있으며, 종교 기념물, 기도 암석, 기도 깃발, 각종 만달라를 돌이나 바위에 새긴 것을 많이 볼 수 있다. 그 가운데 뚜렷하게 나타나는 것이 塔(초텐)으로 인도 양식을 따른 스투파들이다. 초텐은 단조롭게 4각형으로 구성된 것도 있지만 어떤 초텐은 계단식으로, 그리고 여러 장식과 문(門), 원형의 상위 부분, 첨탑 등으로 꾸며져 있다.

어떤 초텐에는 네팔의 눈탑과 같이 사방에서 볼 수 있는 부처님의 지혜로운 눈이 그려져 있다. 초텐은 흑과 벽돌 그리고 때로는 석재를 쌓아 만들었는데, 때로 이 탑에는 사망한 왕, 불교 성자, 존경하는 스님, 그리고 기타 유명한 사람들의 유물을 모셔 놓은 곳도 있다.

기도 벽은 돌을 쌓았으며, 이곳에는 밀교 기도문을 새겨 놓았다. 기도 깃발은 각종 색깔의 천에다 나무 도장으로 기도문을 찍어 긴 장대에 달아 성스러운 곳이나 위험한 장소에 나타나는 악령을 퇴치하기 위해 걸며, 때로는 죽은 자의 영혼을 달래기 위해 달아 놓기도 한다.

불교를 포교하기 위해 만행을 떠나는 스님들은 여러 문이 달린 이동식 사찰을 가지고 마을들을 방문한다. 이 이동식 사찰 안에는 부처님 상이나 보살, 또는 유명한 스님들의 상이 모셔져 있다.

사실 부탄에는 불교가 전해지기 이전에는 부탄 사람들이 믿었던 본교가 있다. 이 본교는 아마도 8세기 경 티베트나 인도에서 유입된 것으로 알려져 있다. 불교가 전해지면서 그 힘에 의해 본교가 힘을 얻기 시작했으며, 11세기에는 다시 민중종교로 대두하게 되어 오늘날에까지도 신행되고 있다.

『 탁상(Taksang) 사원 』
부탄 최대의 성지로 파드마삼바바가 호랑이를 타고 내려온 곳에 사원이 지어졌다는 전설이 내려온다.

『 타시초종(Tashicho Dzong) 사원 』
현 부탄의 정부청사이면서 사원인 팀부에서 가장 중요한 건물..

구루린포체 – 파드마삼바바와 두 분의 영적인 부인이신 만답라바 공주(좌)와 예세초갤(우), 그리고 여덟 화신들

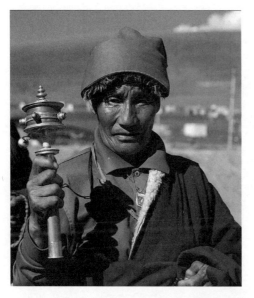

홍모파 스님   황모파 스님

부탄 민속 춤을 구경하고 있는 부탄 사람들

제10편 티베트의 라마 불교

토번(吐蕃)은 많은 보물이 갈무려져 있는 나라라 하여
오래 전부터 서장(西藏)이라 불려왔다.

원래 탕창강 등지, 백난, 당항, 다미, 아란, 여주 등
여러 가지 부족국가로 나뉘어져 있었는데
7세기 초 송첸감포왕이 통일국가를 형성,
중국에서 문성공주를 데려오고
네팔에서는 앙슈바르만 왕녀와 결혼하였으며
톰미삼포타로 하여금 티베트 문자까지 만들어 문화국민이 되었다.

본래부터 있는 민속불교 본교(笨敎)를 구파라 하고
인도에서 새로 들여온 밀교를 신파 금강승 불교라 불렀는데
쫑객파 스님이 나와 개혁불교를 외침으로써
티베트대장경이 완성되어 달라이라마 불교가
여러 가지 종파를 형성하였으나 중국의 침략으로 인해
현재 인도에서 망명정부를 운영하고 있다.

1. 송첸감포 왕의 흥교(興敎)

티베트는 동·서·남·북으로 히말라야 곤륜산 파미르 사천성에 둘러싸인 고원으로 자연환경이 험하며, 전형적인 내륙성 기후를 가지고 있다.

수도 라싸를 중심으로 창포강 유역에 많은 주민들이 모여 농사와 목축을 중심으로 생활하고 있다.

중국 사람들은 티베트를 토번(吐蕃)이라 불렀는데, 많은 보물들이 갈무려진 서쪽의 창고라 하여 서장(西藏)이라 부르기도 하였다.

원래는 탕창강(宕昌羌)·등지(鄧至)·백란(白蘭)·당항(黨項)·강(羌)·백랑(白狼)·다미(多彌)·아란(阿蘭)·여국(女國) 등의 부족국가를 형성하고 있다가, 7세기 초 송첸감포 왕이 통일 국가(吐蕃)를 이루고 중국에서는 사천성까지 진격하여 문성공주(文成公主)를 데려오고 네팔의 앙슈바르만 왕녀와도 결혼하였다. 학자 톰미삼포타로 하여금 인도 문자를 배워오게 하여 티베트 문자를 만드니 먼저 들어온 인도 불교와 당나라 불교가 차례로 정리되게 되었다.

2. 치데송첸 왕 이후의 불교

한편 8세기 후반 치데송첸 왕 시대엔 티베트에서 본래부터 자생한 인도 불교를 점수 불교라 하고 중국에서 들어온 선종 불교를 돈오불교라 하여 점차 대립이 심해져 갔다.

760년경 치데송첸의 초청으로 인도에서 온 나란다 대학 학승 산다라크시타(寂護)와 파드마삼바바(蓮華生)가 오면서 인도 불교가 크게 성행하게 되었고 이어서 온 카말라시라에 의하여 중국계 불교는 탄압을 받게 되었다. 이에 티베트 불교가 완전히 인도 불교의 영향 아래 놓이게 되자 치데송첸 왕은 마가다(인도)의 오단타푸리샤(寺)를 모방하여 라사 동남쪽 삼예에 불교 사원을 건립하고 이 시기부터 티베트인들의 출가를 허락하였다.

티베트는 원래 신령을 숭배하는 샤먼 종교인 뵌교(笨敎)가 있었는데 불교가 들어오면서 투쟁하는 사이 이것이 혼용하여 라마교라는 독특한 불교를 형성하게 되었다. 이때 생긴 것이 닝마파(舊派)이다.

9세기 전반 치데송첸과 그 아들 르파찬이 티베트 불교를 적극적으로 보호하면서 티베트말로 이루어진 대장경이 만들어지고 사전도 편찬되어 불교의 논리가 철학적으로 문학적으로 정리되었다.

산스크리트 원전의 자구(字句)의 원뜻에 충실한 축자역(逐字譯)으로 풀이하여 누구나 알기 쉽게 정리하였다.

3. 금강승(金剛乘) 불교

841년 르파찬이 암살되고 그의 동생 란다르마가 즉위하여 불교를 크게 배척하였지만 그 또한 성난 불교도들에게 암살되니 티베트 왕가는 군웅할거 시대로 들어간다.

11세기 불교 개혁을 바라는 서티베트왕 예셰혜의 초청으로 1042년 비크라마시라사(寺)의 학두(學頭) 아티샤가 티베트로 오면서 티베트 불교는 갑자기 밀교의 금강승(金剛乘) 불교로 발전한다.

1037년 코촉게포가 샤카사(寺)를 세우고 샤카파를 성립시켰고, 11세기 중엽에는 마르빠가 인도의 비크라마시라사(寺)에 들어가 나로파에게 금강승(金剛乘)을 배우고 귀국하여 카규파를 세운다.

그리고 13세기 중엽, 샤카파는 중국 원조(元朝)와 깊은 관계를 맺으면서 티베트의 정치·종교 양권(兩權)을 장악하여 그렇지 않아도 타락한 티베트 불교가 더욱 타락하게 된다.

4. 쫑객파의 개혁 불교

이때 쫑객파(宗喀巴)가 나타나 라마승려의 독신 생활과 계율 사상을 주장하면서 노랑 모자를 써 전통적인 흑모파와 대립하니 황모파의 최고지도자를 달라이라마라 하여 티베트 불교를 재통일, 정권을 장악하게 된다.

제7대 달라이라마 시대(1750)인 청조(淸朝) 때 달라이 법왕국(法王國)으로 발전하였으나 1957년 중공의 강제 침략으로 제14대 달라이라마는 인도로 망명하게 되었다. 이렇게 하여 쇠약일로를 걷던 사찰이 1960년대 후반부터 중국을 휩쓴 문화혁명(文化革命)으로 3700개나 되던 사원이 13개만 남고 몽땅 파괴되었으며 또 한때 40만명에 이르던 라마승들은 처형되거나 투옥되었다. 1965년 9월 티베트가 중공의 자치구로 발족하여 지금은 다소 복구되고 있으나 본 모습을 되찾기는 아직도 요원하다.

1986년 2월 18일 판첸라마가 법주가 되어 중앙 정부의 지원을 받아 500년만에 불교대행사를 여니 영국·미국·일본 등 서구 여러나라의 관광객들이 모여들기는 하였으나 자연적으로 일어난 본래의 불교만은 못하였다.

5. 티베트대장경

티베트대장경은 1명 서장대장경(西藏大藏經)으로 알려져있다. 경부인 칸주르(經部)와 논부인 탄주르(論部)로 나뉘는데, 칸주르에는 계율부(戒律部) 등 7종이 있고, 탄주르에는 주석부(呪釋部) 등 15종이 있다. 칸주르는 약 100질에 800부, 탄주르는 224질에 3,400부로 구성돼 있다.

한역부 경전에도 남아 있는 것이 약 500부 정도 있으며, 특히 밀교부(密敎部)의 방대한 문헌은 티베트대장경에만 있는 것으로 7세기 송첸감포왕 때부터 16세기까지 약 900년간 계속되었다.

9세기 중엽 란다르마왕의 파불(破佛)을 경계로 전전(前傳)과 후전(後傳)으로 나뉘는데, 전전(前傳)시대에서 역경이 가장 왕성한 때는 치데송첸과 르파찬왕 시대다. 이때 인도인인 실렌드라보디와 티베트인 예셰헤 등 유명한 번역가가 활약하였고, 유부율(有部律)과 현교경전(顯敎經典)의 대부분, 그리고 순밀경전(純密經典) 등이 역출(譯出)됐으며, 또한 대승론서(大乘論書)도 거의 반수 이상이 이 시대에 번역됐다.

후전(後傳)시대의 유명한 번역가는 10세기말의 린첸삼포가 으뜸으로, 동인도 벵갈 지방의 금강승(金剛乘)·시륜승(時輪乘)의 영향을 받았고, 특히 이슬람 교도들의 침입을 받은 비크라마시라사(寺) 조직이나 전적(典籍)들이 전해져 티베트대장경과 탄트라(密敎) 불교의 근간을 이루고, 14세기 초 나르탄사에서 개판(開板)된 10종 정도의 판본이 전해져 주종을 이루고 있다.

티베트의 불교예술은 탕카류(베 또는 종이로 만든 족자類)가 대표적이며, 만다라(曼多羅) 속에 부처님의 전생·본생담·불보살들의 역사·16나한·쫑카파를 비롯한 고승들의 그림이 정교하게 그려져 예술적 가치를 자랑하고 있다.

이와 같이 티베트 불교는 금강승(탄트라부디즘) 불교로, 인도 불교가 중세 이슬람에 의해 사라지고 있을 때 생존을 위해 히말라야 산을 넘어 티베트 고원으로 온 피난민 가운데는 "사자의 서"를 쓴 파드마삼바바·산티라크시타·이티샤 같은 이들도 있었지만, 토미삼보다·린첸창포·마르빠 같은 티베트 인들도 있었다.

그런데 여기 중요한 것은 전혀 인도와는 관계가 없는 불교 이전의 토착불교 뵌포교로 타지크 지방에서 센랍 미우체에 의하여 하늘·땅, 해와 달, 별·산·나무·호수 같은 자연들의 정령을 숭배하고 거기에 에너지를 불어넣어 신행하는 종교이다.

이들이 한참 싸우다가 합쳐지자 거기에 이타 중심의 대승불교가 새롭게 나타났으니 이것이 진짜 티베트의 해탈불교인 것이다. 말하자면 중국·한국·일본은 성불이라는 이름으로 자기해탈을 본위로 하지만 티베트 불교는 무한한 이타를 통해 일체지로 나아가기 때문에 개인적인 열반을 추구하지 않는다. 내세에 좋은 일을 많이 해서 다시 환생을 하는 것이 핵심 사상으로, 갈마파의 린포체는 17번, 달라이라마는 14번, 판첸라마는 11번씩 몸을 바꾸어 태어난 것이라 한다.

6. 여러 가지 종파들

이상에서 대강 그 연혁을 설명한 바와 같이 티베트 불교에는 닝마파·카규파·샤카파·케룩파 네 부류의 사람들(派 : 宗)이 있다.

첫번째, 닝마파는 8세기 히말라야를 넘어 티베트고원에 전한 파드마삼바바에서 연유되는데, 가장 오래된 종파이므로 고파(高派)라 하고, 붉은 모자를 쓰고 있으므로 홍모파(紅帽派)라고도 했다. 탄트라즘적 성향이 짙어 현란한 의식과 경전에 의한 수행을 기본으로 하였다.

두번째, 카규파는 11세기 직접 인도에 가서 밀교수행과 경전번역을 한 마르빠에 의해 수입되고, 밀레라빠에 와서 그의 제자 감뽀빠에 의해 널리 알려진 고행주의적 백교(白敎)이다. 철저한 사자상승의 전통을 가지고 있다. 뒤에 샹파와 다포파로 갈라지는데 다포파에서 다시 다뽀래춘·상파·파르모루넷으로 갈라졌다가 다시 거기서 디궁·듀크·카르마·카쥬파가 생겨 모두 여덟 파가 형성되었다. 14세기에 이르러 이중 칼마파·파주파가 중국 원나라의 괴뢰정권이 되어 사카 왕가를 뒤집고 파주 왕조를 만들어 20년간 티베트 왕권을 장악했다. 여기서 달라이라마 즉 법왕제도가 생겨난 것이다.

카르마파는 12세기경 칼마 두슘·겐파에 의해 다포파에서 분파되었다. 이가 곧 제1대 카르마의 린포체이다. 그는 추푸사원을 건립하고 열반에 임해 환생을 명확히 예언, 제2대 추푸사 법주가 된다. 이것이 튤쿠, 즉 활불제도이다. "리빙붓다"는 원세조 쿠빌라이 칸에게 초빙되어 검은 모자를 하사받음으로써 장차 흑모파라 부르게 되었다.

이 제도가 장차 카규파에 의해 달라이라마·판첸라마·레팅 린포체가 되었으므로 카규파가 법왕제와 활불제도를 확립한 파다. 몇 년 전 14세 소년으로 히말라야를 넘어 인도 동북부 시킴 사원에 거주한 어젠 팅리 도르레라가 바로 이 파 출신이다.

세번째 샤카파는 11세기 샤카지방 쿤족에 의해 창립된 종파이다. 문수·관음·금강을 의미하는 흑·백색의 모자를 썼으므로 화교(花敎)라 부르기도 하였다. 13세기 원나라를 등에 업고 샤카 정권을 세워 설역고원을 통치했던 불교였다.

네번째 겔룩파(格魯派)는 14세기 인도 아티샤의 법을 받은 제자에 의하여 카담파가 생겼는데, 기성 종파의 폐단을 개혁하기 위하여 나타났으므로 신카담파, 즉 현교라 부르기도 한다. 청해성 서쪽 시닝(西寧) 타르사 근처에서 탄생하였다. 황색 옷과 황색 모자를 쓰고 있었음으로 황모파라 부른다. 토번제국 멸망 후 오랫동안 분열되었던 국토를 통일하여 라마 포탈라궁을 중심으로 5백년간 설역고원을 다스려온 현밀양교의 대표적인 종파라 할 수 있다.

이 정권이 1900년 중국에 의해 점령되었으므로 1959년 달라이라마가 인도로 망명하고 66년 계룩파 사원이 거의 모두 부셔졌으며, 84년 햇빛정책으로 다시 복원되어 현재는 제2의 판첸라마에 의해 다스려지고 있는 것이다.

이렇게 500년간 설역고원의 주인 노릇을 한 티베트 불교 겔룩파 종파는 전국에 여섯 개의 대표 사찰을 두고 법왕 달라이라마를 모신 포탈라궁을 상징적으로 모셔왔다.

청해성에 두 곳, 사가체에 하나, 그리고 라사에 있는 간덴(甘丹) 사원과 그 제자들에 의해 만들어진 데풍사(哲蚌寺)·세라사(色拉寺) 모두 여섯 곳이 곧 계룩파의 종합수도장으로 총림 역할을 하고 있다.

그들은 주로 인명·반야·중관·계율·구사 등 3장교와 의례를 13년간 교육하고, 다음에 의학·밀교학·제전학(祭典學), 즉 시륜학(時輪學)을 공부한 뒤 마지막 거세 학위를 받았다.

대개 논강법은 야외에 마련된 법원(法院)에서 온몸을 진리에 던져 토론한다. 상좌에 앉은 스승을 향하여 가사를 허리에 두르고 염주를 팔에 끼고 왼발을 들었다 놓고 손바닥을 치면서 벽력같이 상대방의 물음에 답변한다.

판첸라마 사원 타시룬포와 몽골 제국의 영광이 어린 샤카사원은 원나라 황제의 막강한 힘이 서려 있다.

나는 2003년 네 번째 티베트를 다녀와서 당시의 티베트 불교를 다음과 같이 정리하였다.

7. 티베트의 제왕들

제33대 송첸감포(618~649) 왕은 남으로 네팔 서북인도(실크로드)를 점령하고 네팔 왕비 브리쿠티(尺尊) 공주를 데려와 조캉사원(大昭寺)를 짓고 약소바불(禪定佛)을 모셨다.

또한 당 태종에게 청원하여 문성공주를 아들 궁송궁첸(641~643) 왕의 왕비로 맞이 하게 하였다. 아들이 낙마사고로 죽은 후, 63세에 복위하여 아들의 미망인 문성공주를 자신의 왕비로 맞이했다. 문성공주는 죽은 자신의 남편인 궁송궁첸왕을 위해 라싸에 라모체사(小招寺)를 짓고 중국에서 가져온 조 린포체(초보불상, 12살의 석가모니 불상) 을 안치하고 제사를 올렸다고 한다.

제38대 티송데첸(赤松德贊, 754~796) 왕은 문무 양면에 뛰어나 763년 안록산·사사 명의 난(亂) 때 당나라에 무혈입성하여, 중국 본토에는 어머니인 금성공주의 조카 이승 광(李承光)을 제위에 올려 놓고 괴뢰 조정을 세운 후 자신은 장안을 점령, 위·성·회주에 1부군을 주둔시키고 대군을 하서·양주·감주·숙주를 거쳐 사주(敦煌)로 보내고 자신은 금의환향, 개선장군이 되니 그 칭송비가 지금 포탈라 궁에 있다.

이때 맺어진 청수동맹(淸水同盟)이 안서 도춘부와 실크로드 4군을 다시 중국에 넘겨 주고 동중국, 서토번으로 경계를 짓게 되었으나 그후 몽골 침입으로 원 황실과 연맹을 맺고 세계대전 후에는 영 연합군의 영향을 받았으나 1966년 중국에 넘어가 4사(사상· 풍속·문화·구습) 혁명을 일으키고 있다.

정월과 4월 뵌람축제와 샤카다와를 모시는데 4왕 8부, 야마·관음·미륵·미타·약사·파 드마·쫑객파 등 불·보살 신장 조사들을 5색 비단에 그쳐 금동당번과 녹원전법상을 모시 고 창진하면 구지구지(야단법석), 수미산 높은 골이 8각 환상로로 장엄된다.

황금불상 역대라마-파드마삼바바, 밀라래빠, 달라이라마, 쫑객파, 송첸감포-등을 칠 보로 치장하여 하닥을 걸고 영묘탑(靈妙塔) 앞에 등불을 켜고 향연을 피우면 옥상의 황 금당번과 마니차(法輪) 돌리는 소리가 가릉빈가가 노래하는 소리로 들린다.

관음보살의 천수천안은 사자·법춘·해와 달 속에 나타나고 아미타불의 화현 판첸라마 는 시가체에 나타나면 장·랑·파콜의 마니차를 돌리며 미혼의 거리를 순례한다.

4대문 안에서는 귀족과 평민들이

4대문 밖에서는 유목민들이 천막을 치고

동쪽 조캉사원과 라모체 사원에서는 팔각거리를 돌고

서쪽 여름별장 노브링카, 동 세라, 서 데풍, 신탁, 내룽 사원을 돌면 다생의 입장이 소멸되고 현생의 복락이 누려진다 하여 대성황을 이룬다.

대항하의 발원지 야라다쩌산(雅拉達澤山, 5215m),

양자강(黃河)의 본류인 타타강(沱沱河)에선 타르쵸 깃발, 설면화(雪綿花), 뇌귀자(雷貴子), 당구라(唐古拏), 고산병이 학바파(운전수)들의 비타민C, 소금물에 녹아난다.

779년 파드마삼바바 전륜성왕은 12년간 공사로 삼례사원을 준공하고 흥불맹서비(興佛盟誓碑)를 이곳에 세웠으니

"라싸와 타클라마칸의 사원에 3보의 법기(法機)를 구비하여 불법을 신봉하고 영원히 그치지 않도록 하겠습니다."

하고 인도의 학승 12명과 산타라크시타(寂護) 스님을 계사로 모시고 금강계단을 설치, 6명의 티베트 스님들께 비구계를 주고, 양반자제들을 선발, 범어를 가르치고 번역승을 양성하였다.

이렇게 하여 티베트는 정식으로 불교가 국교가 되었다.

794년에는 나란다대학 카마라실라를 초청하여 중국 선승 마하연과 삼예사(桑耶寺)에서 선밀논쟁(選密論爭)을 벌리게 하였고, 진 쪽이 이긴 쪽의 머리에 꽃다발을 올려주게 하였다. 이때 마하연을 도와 중국 선불교를 대변했던 티베트승려 상시(桑西)는 신라의 무상(684~762)과 무주(714~774)의 제자였다.

천년 도읍지 포탈라궁은 3,650m 고지의 붉은 언덕 얄층 계곡에 범선 모양으로 만들어졌다. 7세기 송첸감포 왕이 호수를 메꾸어 만든 것으로 5대 달라이라마에 의해 완성되었다. 백궁(白宮)은 정부청사이고 적궁(赤宮)은 법왕궁으로 바글 법을 제정, 거친 민심을 안정시켜 티베트 문자로 만들어 문화민족을 이루게 하였으니 펜 왕조의 공이 크다.

당금산(唐金山)에서 송첸왕의 제1 보좌관 카르둥첸(綠東贊)과 둘째아들 친룽(欽陵)이

소정방과 3차 전쟁을 치를 때(650~668) 10만 대군이 죽었는데 고구려 장수 흑치상지(黑齒常之)와 고선지(高仙芝)가 동참하여 끝을 내니 측천무후는 그들을 주천군공(酒泉郡公)에 봉하였다.

이같은 자료는 1977~1982년에 완성된 파리 국립도서관 돈황 티베트 문서 1,2권(전 6권)
　　스타인 고문서 A. steim
　　포우신 고문서 V. puussim
　　펠리오 고문서 P. peliiot에 기록되어 있다.

그리고 최근에는 중국 국외장학연구과문집(國外獎學硏究課文集)에도 전재되어 있다. 특히 7세기부터 11세기 사이에 있었던 일을 연구한
　　호트만(H. Hottmann)
　　토마스(F. W. Thomas)
　　스넬그로브(D. L. Snellgrove)
　　리차드슨(H. Richardson)
　　네베스키(Nebesky, woikowitz)
　　투치(G. Tucci)
　　카메이(S. G. Kamay)
　　카바르나(P. kavaerna)
　　가드(M. gard)
　　훈케(F. W. Funke)
　　스타인(R. A. Stein)
　　가와구찌(河口慧海)
　　야마구찌(山口瑞鳳)
　　데라모도(寺本婉雅)
등에 기록되어 있고 특히 티베트 왕통기(王統記)에는 왕조의 기원문과 외척의 종보 등 중요한 자료들이 많은데 그 내용은,

왕들의 기원문,
외척와 권신들의 족보,
지방행정조직과 군사조직을 결합하여 만든 군사단위,
6등급의 신분계급, 법률, 세금, 등급,
일반문서, 서신, 매매계약서,
종교서적, 서사시 라마야나,
전통종교 뵌포사, 사원 사적기, 민간신앙서, 점복문서,
언어 문화로는 한어, 돌궐어, 기타 언어에 관한 것이다.

송첸감포 왕과 브리쿠티(좌), 문성공주(우)

2012년 1월 카규 대기도회(묀람)에서 한 자리에 모인 카르마 카규파의 큰 스승님들.
17대 걜왕 카르마빠(뒷쪽 가운데), 4대 잠괸 꽁튤 린포체(뒷쪽 왼쪽), 12대 고씰 걜찹 린포체(뒷쪽 오른쪽), 땐아 린포체
(왼쪽), 9대 켄첸 탁룽 린포체(가운데), 켄포 출팀 걈초 린포체(오른쪽)

법문에 집중하는 티베트 스님들.

『 티베트 대장경 』

초전법륜의 성지 녹야원을 뜻하는 사슴과 법륜

225

『 포탈라궁 (Potala Palace) 』
티베트 라사에 있는 달라이 라마의 궁전

『 티베트 사자의 서 』

달라이라마의 열렬한 지지자
리차드 기어(Richard Gere)

베이징 옹화궁(雍和宮) 사원 만복각의 미륵대불
1990년 기네스북에 세계 최대(最大) 불상으로 등재되었다.

227

녹색타라는 인간에게 젖을 먹여 길러주는 거룩하시고 성스러운 모친의 아름다운 모습이며 애타심과 깨끗한 마음인 일심(一心)을 상징한다. 고승 자나바자르의 대표작 중 하나이다.

고승 자나바자르의 작품으로 순결한 몽골 처녀의 전형적인 모습을 묘사하였다. 녹색타라의 양 어깨 위에 있
는 꽃은 봉오리가 완전히 핌으로 성숙함을 상징했다면 백색타라의 한쪽 어깨 위에 있는 꽃은 꽃봉오리가 아
직 피지 않음으로 체형이 아직 미숙하고 어린 부드러운 처녀의 모습을 표현한 걸작이다.

인도·티벳·몽골 큰스님들의 탱화

몽골 제국의 옛 수도 하르허린 성 안에 세워진 에르덴조 사원
몽골 왕들이 모두 모셔져 있다.

- 몽골 왕 연대기 -

1. 징기스 칸

2. 우게데이 칸

3. 구육 칸

4. 몽큰 칸

5. 쿠빌라이 칸

6. 울지 투므르 칸

7. 하이산 훌제그 칸

8. 아유르 바르바디 부얀트 칸

9. 쉬두발 계기인 칸

10. 예순투므르 칸

11. 아쉬데브 칸

12. 후슬렌 칸

13. 투브 투므르 칸

14. 렌친발 칸

15. 토군 투므르 칸

16. 아유쉬리다르 빌레트

17. 토그스트무르 우스갈 칸

18. 엥크 조리트 칸

19. 엘베그 니굴세그 칸

20. 군트무르 칸

21. 우그 하산 칸

22. 올지투므르 칸

23. 델베그 칸

24. 아다이 칸

25. 타이순 칸

26. 아그바르진 조논 칸

27. 에센타이쉬 칸

28. 마르쿠스 우헤트 칸

29. 모론 칸

30. 만돌 칸

31. 바트뭉크 다얀 칸

32. 바르스볼드 사인 알락 칸

33. 보디 알락 칸

34. 다라이순 구덴 칸

35. 투맨 자삿트 칸

36. 부얀세센 칸

37. 리그덴 후탓트 칸

38. 보그드 자브잔담바

제1대 대통령 오치르바트

제2대 대통령 바가반디

제3대 대통령 엥흐바야르

현 대통령 엘벡도르지

제II편 징기스칸의 후예, 몽골 불교

징기스칸이 여러 개의 부족 국가를 통일하고
11세기 티베트 샤카 지방에서 일어난 황모파 불교를 숭배,
해 뜨는 장소로부터 해지는 곳까지 777km²를 지배하여
명실공히 세계제국을 이루었다.

매달 8, 10, 15, 30일을 좋은 일 하는 날로 정해
백성들 마음을 순화시키고
1269년 팍바 스님에게 몽골 문자를 만들게 하고
쵸지 오드셀이 몽골대장경을 작성하였으며
자나바자르 스님은 몽골 복장을 만들어
명실공히 봉골 불교가 독립하게 하였다.

현재에도 울란바토르에는 몽골불교 미술대학과
몽골불교대학이 만들어져 몽골말로 몽골불교를 배우게 하니
오랫동안 중국과 소련의 지배를 받았던 식민지가
차차 독립정신을 깨우쳐가고 있다.

1. 천하를 통일한 징기스칸

몽골은 중국과 티베트 북쪽에 있다.

징기스칸의 조상은 오논강 근처 부르한 할둔산에서 살았다. 바드차칸−타마찬−호리차르−우짐보랄−살리하초우−이흐누덴−신소로우−하르추−성인도부 메르겐−보돈차르−에수헤 바타르를 거쳐 징기스칸이 탄생하였다.

징기스칸의 원 이름은 테무진인데 태어날 때 새 한 마리가 '징기스칸' 하고 울부짖었기 때문에 징기스칸이라는 별명이 생기게 되었다 한다. '칸'은 왕을 뜻한다.

징기스칸은 몽골대륙에 산재해 있던 몇 개의 부족국가를 통일하고 지혜인을 섬기는 방법과 역마(驛馬)의 전술을 통해 샤브샤브로 군인들의 식량을 삼아 해 뜨는 곳으로부터 해지는 곳까지 전 세계를 통일한 제왕이다.

현재의 몽골은 동은 흥안령, 서쪽은 신강성, 북쪽은 시베리아, 남쪽은 중국에 인접하여 약 485㎢ 광활한 토지를 가지고 있었다. 고비 사막을 중심으로 이남은 내몽골, 이북은 외몽골이라 부르는데 내몽골은 현재 중국 땅이 되어 있다.

이 넓은 땅이 최초에는 몽골계와 터키계로 나누어 거기 여러 개의 부족국가들을 거느리고 있었다. 그런데 징기스칸은 먼저 서하(西夏)를 치고 금(金)을 압박한 뒤 서쪽으로 대장정에 올라 세조 때에는 남송을 쳐 전 중국을 지배, 162년 동안 국호를 원나라로 불렀다.

몽골 불교는 제3대 태종으로부터 시작되는데 금나라를 정복하고 해운인간(海雲印簡)을 만나 모든 일을 스님께 자문하여 하였다. 어느 나라를 침범하든지 그 나라의 지식인과 장자, 거사들을 존경해 받들고 자문하였고 그들의 간청을 따라 나라를 다스리니 모든 백성들이 친왕(親王)보다도 더 존경하여 받들었다. 특히 가는 곳마다 성씨(姓氏)를 없애 동일민족으로 인식하게 하였다.

이것이 몽골이 세계를 제패한 팍스−몽골리카 정책(政策)이었다.

2. 티베트 불교의 영향을 받은 몽골 불교

그런데 11세기 티베트 샤카 지방에서 일어난 쿤족에 의해 창립된 샤카파가 장차 몽골 불교의 시조가 된다. 이 파는 청해성 서쪽 시닝(西寧) 타르사 근처에서 탄생하였는데, 황색옷에 황색모자를 써서 황모파로 알려졌다. 토번제국이 멸망한 뒤 오랫동안 분열되었던 국토를 통일하고 현밀양교를 널리 펴니 장차는 원나라의 도움을 받아 크게 발전하였다.

장남 주치는 살툴의 왕이 되고

둘째 차가다이는 중앙아시아 왕이 되었다.

차가다이에게 5명의 아들이 있었는데,

① 바드호마는 아버지를 계승하여 대제국을 형성하고

② 아마마홀라는 카시미르, 사마르칸느 왕이 되었으며,

③ 아딜아마다는 인도 바라나시,

④ 곤호르는 로마 이스탄불,

⑤ 티므르는 우리안하왕이 되어 부하리에 머물렀다.

그리고 셋째 우구데(1229~1241)가 왕위에 올라 13년 동안 집정할 때 관인 란츠조우를 시켜 샤카파·반디다 곤가잘찬을 초대하니 반디다는 그의 스승 소드남지모그에게 조서를 올려 1247년 몽골에 정식으로 티베트불교가 들어와 반디다의 병을 고쳐주었다. 그래서 샤카 반디다는 몽골문자를 만들어 언어를 통일하게 하고, 1215년에 죽어서는 시체를 란츠조우시에 탑을 세워 모셨다.

징기스칸의 넷째 아들 툴루이가 왕에 올라 멍케(1251~1259)라는 이름을 가지게 되자 티베트 스님들께 여러 가지 세금을 면제해 주고 왕사로 모셨다. 그 중에서 카규파 갈마초인존(1204~1283)스님을 지극히 모셔 매달 4일(8·10·15·30)을 좋은 일하는 날로 선언하였다. 남을 억압하지 않고 살생을 금하고 그날은 절에 와서 불교공부를 하였다.

멍케왕의 동생 후빌라이가 왕위에 올라서는 티베트 고승 팍바를 초대하여 다섯번째 성승으로 모셨다. 그는 반디다 궁가잘찬의 동생 소드남잠초(1189~1239)의 장남이었다.

아홉살에 사캬파 두학을 암송하고 삼촌이 운영하는 교리회에 나아가 토론함으로써 학자들을 놀라게 하였다.

10세에 삼촌 궁가와 함께 라사의 초르지 함바 술보에게서 토임이라는 계율을 받고, 롯도이 잘찬이란 법명을 받았다. 그래서 쿠빌라이는 팍바와 사제지간의 관계를 맺었다. 또 1260년 팍바를 국사로 임명하고 36세 때에는 왕사로 모셨다.

후빌라이왕이 1260년 팍바스님에게 문자를 만들게 하여 네모문자를 만들어 1269년에는 정식으로 원나라 문자로 공포하였다.

몽골문자가 없었을 때는 몽골인들이 위구르어로 배웠는데, 몽골문자가 만들어지자 얼치트(1294~1307)왕 때 쵸지오드셸을 초빙하여 불교를 몽골어로 번역하니 티베트의 칸쫄과 탄쬴을 번역하였다.

하이센 훌레크는 한때 몽골경전을 번역하고 샤카반디다를 숭배하게 하였고, 또 부얀트는 나르탄사원의 스님 쨤얀을 초청하여 몽골에 많은 영향을 주었다.

또 1331년에는 갈마 롤비도르즈가 왔고, 토곤티무르왕은 갈마롤비도르지를 초청하여 불교를 펴게 하였다.

그러니까 징기스칸시대로부터 에르데혹트한까지 샤카파 스님들이 몽골에 와서 많은 가르침을 주다보니 4대 달라이라마가 몽골에서 탄생하게 된 것이다.

징기스칸의 13번째 손자인 바드멍케 대한에게 아들이 일곱 명 있었는데, 장남은 잘라이트황태자이고 황태자의 아들은 우젠관인, 우젠관인의 아들은 압데 센 한, 압데 센 한 아들은 바즈라였다.

그런데 압데 센 한을 몽골사람들은 부처님의 환생으로 인식하고 있었다.

바트멍케의 아들은 바르스볼트, 그의 아들은 군비려인데 군비례의 동생이 투베드 알탄으로 황교전파에 막대한 영향을 준 사람이다.

어느 때 알탄이 통풍에 걸려 사람의 배를 가르고 발을 넣어 아픔을 낫게 하고 있었는데 황모파 스님이 나타나 말했다.

"내가 치료해 줄 터이니 사람을 죽이지 마시오."

그리고는 즉시 치료해 주었다. 그래서 황교스님 삼단과 발지르에게 물었다.

"이 분이 누구십니까?"

"우리들의 달라이라마 소남강쪼입니다."

그래서 알탄한은 5세 달라이라마를 숭배하고 전통적인 무교(巫敎) 웅고드를 버리고 황교사찰을 크게 짓게 되었다.

당시에는 압태 센 한이 천 명 군사를 거느리고 있었다.

"인연이 있으면 우리가 만나고 인연이 없으면 싸울 것이다."

그래서 달라이라마를 보자마자 하닥을 드리고 기도하며 말했다.

"이 하닥은 10선행의 뜻으로 10악행을 저지르지 않겠다는 뜻이다. 그러므로 이제 다시는 불조(佛祖)의 형상을 불에 태우는 일이 있어서는 안 된다."

그리고 팍마두바를 내렸다.

그후 압테 센 한은 황교수장인 라마승 조남깡조를 몽골에 초대, 쿠쿠노르하반에서 성대하게 법회를 열고 1577년 정식으로 사원을 지을 것을 선포, 밍크털로 지은 게르를 선물하였다.

알탄은 자신이 후빌라이 화신이며 소남강조는 팍바의 화신임을 상기시켰다. 그래서 알탄한은 소남강쪼에게 달라이라마 칭호를 주고, 소남강쪼는 알탄한에게 법왕 대범천의 칭호를 내렸다.

압테 센 한께서 1586년 에르데니 쪼라는 절을 지었는데 이것이 몽골에서 가장 큰 사원이었다.

다음에 투메드의 알탄한의 스승 문수 쨤얀잔초를 초대하여 불법을 믿고 10선을 행하니 이것이 몽골 불교의 시초가 되었다. 그래서 몽골 불교는 이때까지 10선행을 실천하는 것으로 최선을 삼고 있다.

3. 자나바자르 성자의 개척정신

압테 세친 한의 아들은 에르히 메르겐이며 그의 아들은 투세트한 곰보도르찌이다.

어느 날 밤 갑자기 허공 가운데 무지개가 뜨는 꿈을 꾼 뒤 한도 잠초가 임신하였다.

그 후 우순풍조하고 천하가 태평하더니 1635년 9월 25일(음) 몽골의 법왕 자나바자르가 탄생하였다. 10세 된 하녀의 유방에서 젖이 저절로 나와 먹이게 되니 그 하녀를 고모(高母) 해모(海母)라 부르게 되었다. 그 후 세 살 때까지 세 명의 요기가 나타나 아이를 얼러주니 점치는 사람들은 말했다.

"투세트한은 부처님의 화신이 틀림없다."

3세에 도사경을 읽고 1638년 네 살에 할하 잠발린법왕에게 '게넨'이란 계율을 받고, 이쉬도로지라는 법명을 받았다.

5살 때 한하몽골 4도 관인들 앞에서 법회를 보아 바즈라의 자리에 올랐으며, 이 전통을 따라 하이답 산사, 굽산단잔잠초 등에게서 우바새 계율을 받아 롭산담비잔살발삼보(모든 장애를 없애는 자)가 되었다.

15세에는 동양문명의 중심지 티베트로 가서 와라이라마와 반친복드를 뵙고 찜중담마(성인)라는 칭호를 받고 따시훈베·세라·간단사원에 도착하여 반친복드에게 '금구름'이라는 법호를 받고, 전단나무잎에 금으로 쓴 다리에흐·아스랄트 경전을 모셔오게 되었다.

21세 때는 툽헨 시레트산에 올라가 법을 외우고 반친 복드 롭산 쿤이지잘산(1592~1662) 이 몸이 편찮다는 소식을 듣고 일주일 안에 티베트를 떠나와 그의 시체에 세 번 만다라를 올리니 죽었던 잘산이 살아나 20년 동안 더 살다가 환신(換身)하였다.

그 뒤에도 자나바자르는 티베트에 들어가 브라이분사원에서 기도하고 1627년 23세에 돌아와 몽골의 칸과 관인들을 위해 에르데니죠 사원에서 법회를 보았다.

그 후 자나바자르는 만주왕 엔흐암갈란(1654~1722)왕과 친하게 되어 몇 차례 법회를 같이 보게 되었는데, 암갈란왕은 자리 밑에 부처님과 경전을 깔아 놓고 앉으라 하니 앉지 않고 따로 시자를 시켜 보석 깔개를 가져오게 하여 앉아 법회를 보고 이미 신통력을 얻은 채 부처를 존경하였다.

또 어느 절에 가서는 안으로 들어가지 않자 그 이유를 물으니 그가 말했다.

"이는 어떤 환관이 자기 시체를 묻어 놓고 여기서 기도 드리게 한 것이니 들어가면 안 된다."

하여 조사해보니 사실이었다. 그래서 할하 투세트한의 고향 아하이로에 절을 지어 모시고 그의 스승 악한 초이든(1642~1714)이 돌아가신 뒤에는 자나바자르를 국사로 모셨다.

자나바자르는 1673년 39세에 티베트 대장경을 초빙, 아버지와 함께 정교일체 법을 배우고 1685년 대법회를 열고 자야반디아 롭센 프렌레에게 나시느압식과 3 이트겔트 등을 암송하게 하고 승복과 지팡이를 드려 사제의 관계를 맺었고, 고향에 돌아와서는 불교의 의례와 풍습을 개혁 동하복을 만들어 스님들께 바꿔 입도록 하였다.

그리고 텝헨사원에 있을 때(1686) 불과 해·달을 상징한 소욤보 문자를 만들었다. 맨 위에는 불로 3세를 나타내고 번영을 상징했으며 두 개의 세모 모양은 칼로 적을 물리치는 것을 상징하고, 중간의 두 개 네모 모양은 올바른 정당과 사상, 물고기는 24시간 눈을 뜨고 도적을 지키는 것을 상징하였다.
그래서 지금 몽골 사람들은 그 국기를 보고

① 불처럼 커지고
② 해와 달처럼 밝으며
③ 화살처럼 날카롭고
④ 갑주처럼 튼튼하고
⑤ 물고기처럼 경계하고
⑥ 음양의 접합처럼 끈끈하게 가정을 보호하며 나라를 다스려야 한다고 하고 있다.

또 그는 1686년 '시간의 조절'이란 경전을 만들어 할하몽골과 얼드족의 분쟁을 종식시켰으며, 1688년 9월 수니드지방 엘리스테에서 법회를 열어 국가의 토지와 문화·풍습·언어를 지켜나가도록 하였다.

이렇게 하여 자나바자르는 89세 되던 해(1723) 열반에 들었고, 서북쪽의 강압적인 세력보다는 동남쪽의 부드러운 쪽을 택하도록 권하고, 울란바트르 복드한 산 동쪽 어거메르 이씨담비드미라로 태어나니 나라에서는 자나바자르 사원을 건축하여 그의 정신을 길러 나갔다.
그는 일생동안 자나바자르 오른쪽 사원과 왼쪽 사원 탑현사원 차취르트의 짜스와 도라란딤바 사원을 조성하고 자신이 조성한 불상과 불화를 모셨는데, 그 작품은 영원히 잊을 수 없는 세계적인 작품이므로 현재 유네스코에 등록되어 있다.

4. 몽골 불교 예술

몽골 불교 예술은 사원 건축과 탑·불상·사경·탕카 등에 집약되어 있다.

사원 건축은 중국 황궁 양식을 따랐지만 보다 더 육중하게 짓고 탑은 티베트식을 따라 백색 탑을 많이 세웠다. 보살상은 아름다운 여인상, 춤추는 무녀상(舞女像)을 모델로하여 지극히 아름답게 장식하고 불상은 32상 80종호를 갖춘 성자상으로 근엄하게 조각하였다.

티베트에서 달라이라마는 생불들을 그려 모시듯 여러 가지 불보살 신장상을 그려 탕카를 모시고 법회도량을 장엄하였다. 사경은 금자와 은자, 묵자(墨字)로 탐스럽게 썼다.

일반 사찰을 대형 겔로 지어 마을마다 회관, 공부터(학교)로 사용하고 있으며 스님들은 대부분 가정을 가지고 오전 9시에 등사(登寺)하였다가 오후 4시면 하사(下寺)한다.

흐르는 물은 썩지 않지만 쌓이지도 않는다고 한다. 그렇듯 정신문화는 몰라도 유형문화는 어느 정도 쌓여야 된다고 믿었기에 물흐르듯 끊임없이 이동해야 하는 몽골 유목민족의 특성상 유형문화가 발달하기는 어려울 거라는 선입견이 있었다.

초이진 라마 사원은 몽골의 최후 통치자였던 복드 한의 동생인 초이진 라마를 위해 1904년부터 공사를 시작하여 1908년에 완공, 1938년 이후에 폐쇄되었다가 1942년부터 박물관으로 사용하게 되었다.

흥인사라는 이름은 당시의 풍습대로 만주왕이 지어 주었다. 주홍빛 바탕의 번룡과 구름 무늬로 장식을 하는 등 이 사원의 곳곳마다 만주양식이 눈에 띄고, 창방과 평방, 도리, 서까래 등에는 우리 나라 사찰에서 볼 수 있는 단청으로 단장하여 한결 친근하다.

법당 안에 들면 더욱 웅장하게 느껴진다. 몽골 사람들의 깊이를 짐작 못할 내면처럼 건축양식 또한 안으로 들어갈수록 깊다. 특히 이곳에서 주목되는 것은 법당의 용마루 중앙부에 상륜이 설치되어 있는데 이런 양식은 우리나라에서는 드문 것이다. 금산사의 대장각에 비슷한 것이 있는데, 몽골과의 교류가 있었음을 알려주는 좋은 자료라고 한다.

법당의 삼존불과 광배의 장엄함은 도저히 말로 표현할 수가 없다. 불단 위 유리관 안에 모셔져 있는 여러 아름다운 금동제 보살상과 아미타상 등은 17세기 자나바자르의 제자들에 의해 주조된 것으로 알려져 있다.

익힌대로 보인다더니, 법당 사방 벽면에 중국에서 가져온 달마 대사를 위시해서 선종의 맥을 잇고 있는 선사들의 탁본이 가장 먼저 눈에 띄었다. 또한 법당 양쪽에 너무나 섬세하게 극락세계를 형상화한 작은 모형이 유리관에 전시되어 있는데, 아미타경을 그대로 읽는 듯한 느낌이 들어 환희로웠다.

쇼르라는 보석이 박혀있는 '참(가면승무, 탈춤)'을 할 때 입는 옷은 십척 장신의 것이었다.

가면만 해도 여러 명의 장정이 들어야 할 정도로 무겁다는데 스님들이 쓰고 입고 대중에게 부처님의 가르침을 전하였다 하니, 깊은 수행력을 미루어 짐작할 수 있었다. 아울러 초이진 라마가 다양한 종교예식을 수행하면서 신탁을 받아 청중에게 전해주었다는 설명을 들으면서 몽골 불교의 독특함도 엿볼 수 있었다.

한편 초이진 라마가 명상을 했다는 본당 뒤편의 법당에 모셔진 인도풍의 불상과 '시륜(時輪)의 불상'도 이채로웠고, 호랑이를 탄 중국 선녀의 모습, 포대화상이 아이들과 함께 노는 모습 등이 반갑게 다가왔고, 각국의 문화를 두루 받아들인 몽골 문화의 특성을 알 수 있었다. 이 모두가 빼어난 몽골불교문화예술의 보고(寶庫)이다.

(1) 간단사와 몽골불교미술대학

17세기에 설립된 간단사는 라마불교 사원으로 정식 명칭은 '간단 테그친렌 히드'이며 '완전한 즐거움을 주는 위대한 사원'의 뜻을 지니고 있다.

간단수도원은 몽골 라마교의 총본산이라 할 수 있다. 이곳에는 27m에 이르는 금불입상이 우뚝 솟아 있는데, 이 불상은 무려 7년이라는 긴 시간 동안 제작된 것으로 중앙아시아에서 가장 큰 불상이라 할 수 있다.

간단사 내에는 24m의 불상과 몇 개의 작은 절 그리고 학승들이 공부하는 종교대학이 자리 잡고 있으며, 약 150여명의 라마승들이 거주하고 있다. 울란바토르의 중심 사원인만큼 연중내내 다양한 종교행사가 열려 볼거리가 많아 항상 사람들로 붐빈다.

따라서 이곳은 작은 사찰과 기숙사, 불교대학 등으로 구성되어 있고 이 안에서 생활하는 라마승은 약 3백여명이다. 19세기 초 울란바토르에는 약 100여개의 티베트 불교 사원과 수도원이 파괴되었는데 간단테그친렌 수도원은 공산주의자들이 외국인에게 보이기 위한 전시 효과용으로 남겨두었다.

역사적으로 1930년에 있었던 공산정권의 종교적 억압에도 끝까지 살아 남은 유일한 사원으로 유명하며 울란바토르에서 가장 규모가 큰 라마 불교의 대표적 중심 사원이기도 하다. '완전한 기쁨을 위한 위대한 장식'이라는 뜻의 Gandan은 울란바토르의 볼거리 중 하나이다.

간단사 내에 자리한 몽골불교미술대학은 벽면의 속살(흙)을 드러낼 정도로 겉모습은 초라했지만, 그 공간에서 몽골불교가 일어나고 있다고 생각하니 그대로 충만해 보였다.

불교가 진흥해야 몽골이 번영할 수 있다. 이곳 간단승가대학에는 우리나라 김선정 교수(홍익대 미대 졸업, 인간문화재 만봉스님에게 한국 탱화 사사, 다람살라에서 달라이라마 전속화가인 상계에세 스님에게 탕카 사사, 규도 밀교대 교수인 게쉬(박사) 쌈텐 스님에게 만다라를 사사)가 불교미술을 지도하고 있다.

(2) 몽골 불교미술의 선구자 자나바자르 스님

17세기 몽골은 수백년에 걸친 전쟁과 혼란에 의하여 백성들이 많은 고통과 고뇌를 겪고 또한 불교 문화예술도 쇠퇴기에 있었던 시기 1635년 3월 25일 징기스칸의 씨족이 되는 이브테 사인칸의 손자인 투세미트칸 곰보도르 집안에 비범한 아들이 태어났는데, 그분이 바로 몽골 불교미술을 발전시켜 유명한 문화 계몽자가 된 고승 자나바자르 스님이다. 후세 사람들은 자나바자르 스님이 남긴 몽골 불교유산의 문화적 가치에 감사하는 뜻에서 그를 몽골의 미켈란젤로라 부른다.

자나바자르 스님이 후세에 남긴 비범하고 천재적인 조각들은 오늘날도 그 신비성을 보여준다.

조각가, 화가, 시인, 문화계몽자인 고승 자나바자르는 17세기부터 18세기 몽골 문예 부흥에 헤아릴 수 없는 큰 기여를 하였다. 그는 동양 및 불교철학, 과학 및 여러 분야에 뛰어난 전문 지식을 가지고 있었으며, 그중 조형미술학의 완전한 전문가였다.

고승 자나바자르의 철학, 예술, 애타심을 상징하는 주조물, 조각, 불화 등 여러 걸작은 자기 손으로 제작하였으며, 몽골 이흐후레사잘의 중심 숭배대상인 오치르타라, 마이드르불, 잔게섹불, 오존불, 불타의 8은틉, 녹색타라, 백색타라 등 그리고 21척에 달하는 대규모의 아유스불, 마흐갈불, 에르데네주 사찰이 있는 이마 한 가운데 구슬을 박은 이치르다라 불상 등, 금, 청동불은 지금까지 보존되어 그 신비성과 화려함을 세계에 자랑하고 있다.

특히 녹색타라는 인간에게 젖을 먹여 길러주는 거룩하시고 자애로운 어머니의 아름다운 모습이며, 애타심과 깨끗한 마음인 일심을 상징한다. 연화문 원광이 있는 북연좌에 앉아 부드럽고 온화한 눈빛은 깊은 생각에 잠겨 있는 듯 하다.

5. 원(元)나라와 고려

몽골 제국이 천하를 통일하고 중국에 세운 나라가 원나라다.

사실 몽골국은 만주 서북부 하이랄(海拉爾) 부근의 유목민으로 흑룡강 상류 오논(斡難), 케를렌(克魯伦), 부르칸(不咸岩山) 밑에서 살다가 1206년 예수카이의 아들 테무진이 이 지역을 통일하고 테무진(大汗)이 되어 세계대제국을 건설했다. 이것이 원나라의 탄생이다.

그후 1227년 테무진이 죽고 34년 오고타이(榷)가 금나라를 멸망시키고 60년 제5대 쿠빌라이(世祖)가 도읍을 연경(현 북경)에 정하고 국호를 대원(大元)이라 불렀다. 1368년 명나라 태조 주원장(朱元璋)에 의해 멸망할 때까지 11대 160년간 정권을 지속하면서 동진책을 폈다. 1234년 금나라를 멸망시키고 송나라를 억누르고 압록강을 건너 전후 여섯 차례나 고려를 침입하였다.

1219년(고종 6) 연합국에 몰린 고려군은 40여년간 항몽투쟁으로 많은 힘을 키워왔지만 말못할 고난을 겪었다. 1231년 제1차 침입 때는 살례탑이 정복해 왔으므로 고려군은 박서, 김경손, 김윤후 장군의 도움으로 32년 강화도로 천도하였고 1235~47년까지는 최이장군이 항몽태세 속에서 친조를 거절하였으나 몽골에서는 당올태와 아모간을 보내 회유하였고 1252~54년까지는 김윤후와 박휘실이 야굴과 차라대의 군대를 물리치며 항쟁하였으나 이 6차 전쟁을 치르는 중에 고려군은 20만명 이상이 희생되었다.

제1차 귀주대첩 때는 강화 후 철병하여 다루가치가 설치되었으며,
2차대전 때는 용인에서 적장을 사살하자 몽골군은 대구 부인사 초조대장경을 불살랐다.
3차대전 때는 몽골군이 경주까지 침입하여 9층탑을 소실하고,
4차대전 때는 북쪽 지방에서 심한 약탈이 이루어졌고,
5차대전 때는 충주까지 남하 김윤후에게 타격을 받고 철수했으나,
6차대전 때는 박희신이 몽골장군 차라대에게 가서 국왕의 출륙과 태자의 입도를 약속하고 강화하여 몽골의 완전한 속국이 되었다. 이로 인해 배중손, 김동정 등의 3별초의 난이 일어났고, 1283년 6월에는 다루가치가 탑다물에 총관부를 두어 3별초를 관찰하였다.

이로 인해 고려에서는 무인들의 항몽의식이 강화되었으나 고려의 간섭을 철저히 나타내 정치적으로는 몽골(원)의 속국이 되어 충렬왕 때부터는 원나라 공주를 정비로 맞아 부마국이 되었으며 국토는 철맹 이북에 쌍성총관부가 설치되어 서경이 동령부로 사용되었다.

경계 면으로는 국토가 황폐해지고 국민 생활이 도탄에 빠져 10만명의 남녀가 포로로 잡혀갔고 문화적인 면에서는 수많은 문화재가 소실되었다.

한편 사상 면으로 보면 홍복원, 조휘 등의 민족반역자가 나오기도 하였지만 김윤후, 삼별초 같은 애국애족사상이 싹트기도 하였다.

풍속 면에서 보면 몽고풍이 유행하여 자주성을 잃었으나, 한편 몽골에서는 고려양이 생겨 두 나라의 교류가 활발하였다.

한편 왕의 문호도 조(祖), 종(宗)에서 충(忠), 왕(王)으로 바뀌었고 왕의 칭호도 폐하에서 전하로 바뀌고 왕의 명령도 선지(宣旨)에서 왕지(王旨)로 바뀌었다.

왕의 아들들은 태자에서 세자로 바뀌고 왕의 이름도 짐에서 고(孤)로 바뀌었으며, 죄인의 용서도 사(赦)에서 유(宥)로 바뀌었다.

　관청도 중서·문하·상서 3부가 첨의부(僉議府)로 바뀌고 이·예·병·호·형·공 6부가 전리사(典理司)·군부사(軍簿司)·판도사(版圖司)·전법사(典法司)의 4사로 바뀌었고, 추밀원은 밀직사, 도병마사는 도팽의사가 되었다. 또 문하시중이 첨의중찬, 각 부 장관 상서(尙書)가 판서(判書)로, 차관과 시장을 총장으로 바꾸어 낱낱이 간섭하였다. 심지어는 과부, 처녀까지 보고하여 인종을 교류하였으며 만원당과 서적의 교류로 국자학, 농경사업에 큰 변화를 가져왔다.

　또한 서방의 사라센 문화가 유입되었고 1363년 문익점에 의해 면화가 수입되어 우리의 의상에서도 큰 변화가 생기게 되었다.

　한편 불교는 황룡사 9층탑과 초조대장경의 소실로 잃은 것도 많지만, 반대로 8만대장경이 만들어져 전 국민이 불사정신으로 통일되고 연합하게 되었다.

팍스몽골리카 시대의 유라시아, 14세기 초

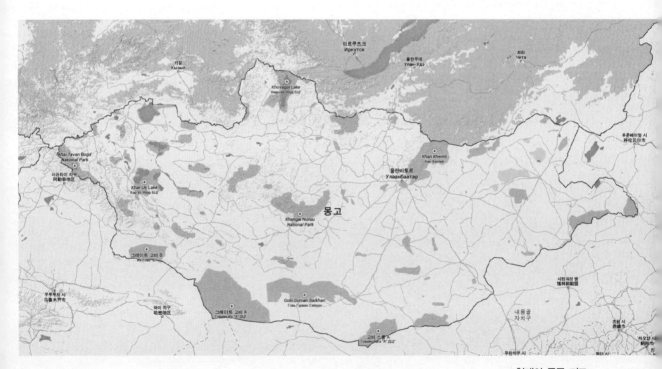

현재의 몽골 지도

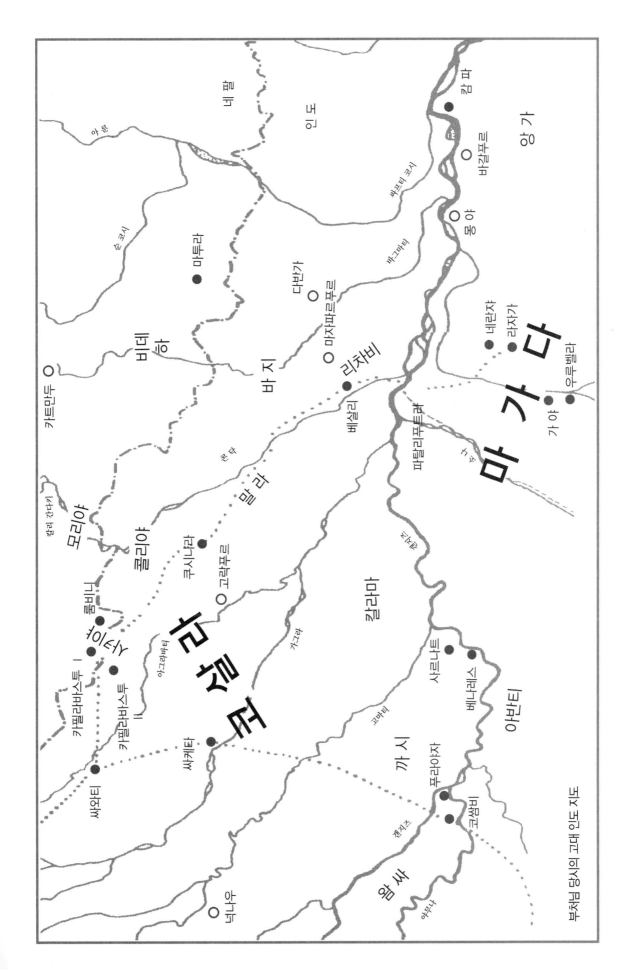

부처님 당시의 고대 인도 지도

발 문(跋 文)

이제껏 덧없이 살아온 세월이 어언 60여년 회갑이 되어서야 동국대학교 불교대학원을 졸업하면서 인생의 종지부로 달려가는 인생에서 이제까지 살아 온 뒤를 돌아보면 많은 소용돌이가 스쳐가지만 지금까지 가장 머릿속에 잊을 수 없고 눈을 감을 때까지 머릿속에서 지워지지 않는 분이 있다.

우리가 부모를 만나는 겁은 8천겁이라 했지만 스승을 만나는 겁은 1만겁이라 하였다. 부모는 낳아서 먹여주고, 입혀주고, 길러 주지만 인생의 행로를 잡아 주시는 분은 스승이시다.

나는 위대하고 존경스런 은사를 잘 만났으니 그 스승님이 한국불교 금강선원 활안 스님이시다. 큰스님께서 살아오신 족적을 보면 다음과 같다.

첫째 법맥정신으로는

1. 一佛弟子 : 모두가 한 부처님의 제자임을 인식하고,
2. 以戒爲師 : 계로서 스승을 삼으며,
3. 自燈明法燈明 : 스스로 그 마음을 밝혀 세상을 빛나게 한다.

둘째 전법정신으로는

1. 自利利他 : 자기를 이롭게 하고 남도 이롭게 하며,
2. 自覺覺他 : 자기도 깨닫고 남도 깨닫게 하여,
3. 覺行圓滿 : 세상을 온통 깨달음의 세계로 만든다.

셋째 생활신조로는

  1. 淸淨梵行 : 청정범행으로 정토세계를 건설함으로서,

  2. 衆生濟度 : 고통 받는 중생들을 구제하고,

  3. 正法具現 : 바른 법이 세상에 구현될 수 있도록 한다.

이와 같은 목적으로 남녀노소 관계없이 60성상을 포교해 왔으며, 전문 지도자를 양성하고, 불교를 알려 주기 위해 300여권의 책을 발간하시고, 또 불교방송과 바른 텔레비전에 출강하여 불철주야 쉴 사이가 없으셨다.

어떻게 하면 이같은 정신을 계승하여 원효대사의 원융불교를 계승할 것인가가 나의 화두이다. 아무쪼록 건강하시어 후배 양성에 차질이 없도록 노력해 주실 것을 손 모아 빈다.

불기 2559년 2월 15일

천안 태조사 주지 우성 정진화 합장

帝王과 佛教

2015년 2월 15일 인쇄
2015년 2월 20일 발행
발 행 인 : 불교통신교육원
발 행 처 : 불교정신문화원
저　　자 : 우성 정 진 화
인　　쇄 : 이화문화출판사 (02-738-9880)
주　　소 : 천안시 동남구 가마골1길 7(신부동) 태조사
전　　화 : 041) 563-8270, H.P 010-5065-7000
등록번호 : 76.10.20 제6호
I S B N : 978-89-6438-139-7
정　　가 : 18,000원